Telynorion Llannerch-y-medd
The Harpers of Llannerch-y-medd

© Huw Roberts
   Llio Rhydderch

ISBN 1 902 565 02 9

Cyhoeddwyd gan
Gyngor Sir Ynys Môn, 2000
Adran Hamdden a Threftadaeth
Llangefni, Ynys Môn, LL77 7TW

Published by the
Isle of Anglesey County Council, 2000
Department of Leisure and Heritage
Llangefni, Ynys Môn, LL77 7TW

Argraffwyd gan
Wasg Dwyfor, Pen-y-groes, Gwynedd

Printed by
Gwasg Dwyfor, Pen-y-groes, Gwynedd

TELYNORION LLANNERCH-Y-MEDD
Teulu'r *Britannia* ac eraill

THE HARPERS OF LLANNERCH-Y-MEDD
The *Britannia* Family and others

HUW ROBERTS

LLIO RHYDDERCH

Cyhoeddwyd gan
Gyngor Sir Ynys Môn
Published by the
Isle of Anglesey County Council

CYNGOR SIR
YNYS MÔN
ISLE OF ANGLESEY
COUNTY COUNCIL

Cyflwynedig i Mr a Mrs Idwal
Owen, Amlwch, Ynys Môn,
mewn gwerthfawrogiad o'u
cyfraniad amhrisiadwy i gynnwys
y llyfr hwn.

*Dedicated to Mr and Mrs Idwal
Owen, Amlwch, Anglesey, in
appreciation of their invaluable
contribution towards the compiling
of this book.*

CYNNWYS

CONTENTS

Diolchiadau a chydnabyddiaeth
Acknowledgements

Diolch am ffynonellau gwerthfawr o wybodaeth a chymorth oddi wrth y canlynol:

In appreciation of valuable sources of information and assistance from the following:

Mr Idwal Owen a'i briod Doris, Amlwch
Mr Idwal Owen and his wife Doris, Amlwch

Mrs Elspeth Mitcheson, Cyfarwyddwr Hamdden a Threftadaeth, Cyngor Sir Ynys Môn
Director of Leisure and Heritage, Isle of Anglesey County Council

Mrs Carol Roberts, Adran Hamdden a Threftadaeth, Cyngor Sir Ynys Môn
Department of Leisure and Heritage, Isle of Anglesey County Council

Y Parch. Ddr. Dafydd Wyn Wiliam, Bodedern
The Rev. Doctor Dafydd Wyn Wiliam, Bodedern

Llyfrgell Genedlaethol Cymru – yn arbennig Rhodri a Lorna o'r Adran Darluniau a Mapiau
The National Library of Wales, and especially to Rhodri and Lorna of the Prints and Maps Department

Amgueddfa Werin Cymru, Sain Ffagan, ac yn arbennig i Emma Lile
Museum of Welsh Life, St Fagans and especially Emma Lile

Amgueddfa Genedlaethol Cymru, Caerdydd
The National Museum of Wales, Cardiff

Staff Archifdai Môn, Gwynedd, Gwent a Sir y Fflint
Staff of the Archives of Anglesey, Gwynedd, Gwent and Flintshire

Staff Llyfrgell Gyhoeddus Llangefni
The staff of the Public Library, Llangefni

Mr Eryl Wyn Rowlands, Llangefni

Mrs Gabrielle Beardshaw, Caergybi

Mr Martin Roberts (ffotograffydd/ *photographer*) Bethesda

Dr Elonwy Wright, Caerdydd

Mrs Helen Forder, Llanilltud Fawr

Mr Albert Owen, Llannerch-y-medd

Dr Meredydd Evans, Cwm Ystwyth

Mr Ross Murray, Ystâd Llanofer

Mr J.O. Hughes, Llaneilian, Amlwch

Mrs Mair Williams (Mair Y Wern), Pengorphwysfa, Pen-y-sarn

Dr Wyn Thomas, Prifysgol Cymru, Bangor

Mr Ken Owen, Marian-glas

Mrs Sian Owen, Marian-glas

Meirion Llywelyn Williams, Caergybi

Dr Gareth Morris, Bryngwran

Ray Goy Tŷ Croes

Tony Oliver, Menter Môn, Llangefni

...ac yn arbennig i:
...and especially to:

Graham, gŵr Llio, am y rhan fwyaf o'r gwaith cyfieithu Saesneg a'r gwaith teipio
Graham, Llio's husband, for the majority of the translating and the typing

Lowri ac Ann (nith a chwaer Huw) am eu cymorth gyda'r holl deipio
Lowri and Ann (niece and sister to Huw) for their assistance with the typing

Bethan (gwraig Huw) am fynd â Siôn Gwilym am dro fwy nag unwaith tra bo'r awen yn dwyn ffrwyth
Bethan (Huw's wife) for more than once taking Siôn Gwilym for a walk while the inspiration flowed

Mr Gwilym Roberts (tad Huw) ac Anti Luned – a phawb arall a gyfrannodd mewn

rhyw fodd i'r gwaith
*Mr Gwilym Roberts (Huw's father) and
Auntie Luned and everyone else who
contributed in any way towards this work*

* * * *

**Dymuna'r awduron hefyd ddiolch i'r
sefydliadau a'r unigolion canlynol am
ganiatâd i atgynhyrchu ffotograffau o'u
casgliadau.**

*The authors would also like to thank the
following institutions and individuals for
permission to reproduce photographs
from their collections.*

Llyfrgell Genedlaethol Cymru
National Library of Wales
12a, 16, 36b, 41, 55, 62/3, 66, 68, 70, 71b,
73b, 89b, 111b, 126

Amgueddfa Werin Cymru, Sain Ffagan
Museum of Welsh Life, St Fagans
15, 20, 26, 34, 35a, 46, 65, 83, 85, 91,
113, 117

Amgueddfa Genedlaethol Cymru
National Museum of Wales
22

Archifdy Gwynedd
Gwynedd Archives
24, 75, 76, 107, 111a

Archifdy Môn
Anglesey Archives
23, 25, 54, 101

Archifdy Sir y Fflint
Flintshire Archives
71a

Archifdy Gwent
Gwent Archives [Records Office]
44/45, 47, 106a

Mr and Mrs Idwal Owen, Amlwch
10, 36a, 48/49, 59, 74, 77, 78, 95, 97, 103,
104a, 105, 106b, 108, 110, 114c, 115, 118,
119, 120, 121, 125, 129b

Mr Eryl Wyn Rowlands, Llangefni
84, 96, 98, 99, 109

Mr J. O. Hughes, Llaneilian
19

Comisiynwyd Martin Roberts, Bethesda, i
dynnu'r lluniau canlynol:

*Martin Roberts, Bethesda, was commissioned to
take the following photographs:*
4, 12b, 17, 27, 30/31, 35b, 36a, 39, 51, 81,
93, 104b, 112, 114a,b, 123, 127, 128, 129a,
130, 133, 135, 136

Daw gweddill y lluniau o gasgliadau'r
awduron
*The remaining photographs are from the
collections of the authors*

Y SBARDUN

Rhyw bum mlynadd yn ôl y doish i ar draws Idwal am y tro cynta – yng nghlwb golff Porth Llechog. O'ni wedi mynd yna hefo'n ffidil i gynnal noson Gŵyl Ddewi os dwi'n cofio'n iawn.

'Hogyn Gwilym wti?' medda fo, ac wrth sgwrsio mi ddalldish i fod o'n perthyn drw brodas i deulu telynorion y *Britannia*, Llan a'r *Marcwis*, Rhos-y-bol. Wel, o ni newydd ddechra gwersi telyn hefo Llio, a mi sonish amdani wrth Idwal ac y bysa hi wrth ei bodd cael cyfarfod â fo. Wedyn, felna y dechreuodd petha!

O ni'n ymwybodol ers pan o'n i'n hogyn am y cyswllt a fu rhwng y Llan a'r delyn. Mi glywish i'n nhad ac Anti Luned yn sôn fod 'hwn a hwn' yn perthyn i deulu'r *Britannia*, a fod 'na fynd garw ar y delyn yn fanno ers talwm. Felly mewn gwirionadd, oni bai am y noson honno yn y clwb golff, y tebyg ydi na fysa'r llyfr yma ddim wedi gweld gola dydd ac na fysa llinach hen Delynorion y Llan ddim wedi'i throsglwyddo i Llio ac yna i finna a'r 'Telynwyr'. Fasan ni ddim chwaith wedi dysgu fersiynau Llannerch-y-medd o rai o'n halawon telyn enwocaf.

Ma Idwal yn gymeriad a hannar, ac dwi wedi mwynhau fy hun yn arw yn gwrando arno fo'n sgwrsio am yr hen delynorion – mi fysa rhywun yn gallu gwrando arna fo am oria – difyr iawn.

Huw Roberts

THE SPARK

It was about five year ago that I first met Idwal – at the clubhouse of the golf course in Bull Bay. I had gone there that evening with my fiddle to celebrate St David's Day if I remember correctly.

'Are you Gwilym's son?' he asked, and as we chatted away I soon realised that through marriage Idwal was related to the old harpers of the *Britannia Inn* Llannerch-y-medd and the *Marquis* Inn Rhos-y-bol. Well, I had just started harp lessons with Llio, and I told him about her, and that she would love to meet him. So that's how things started

I was aware from a very early age of the connection that had been between the village of Llannerch-y-medd and the harp. Often as a lad I'd heard my father and my Auntie Luned mention that 'so and so' were related to the *Britannia* family, and that this old tavern was the home of famous harpers in the past. Therefore, if it weren't for that chance meeting with Idwal that evening, this book most probably would never have seen the light of day. Also Llio, myself and the 'Telynwyr' would never have heard and learned the Llannerch-y-medd 'versions' of some of our best-loved harp airs. It is because of Idwal that the lineage of the *Britannia* harpers lives on.

Idwal is a tremendous character and I have really enjoyed listening to him telling stories about the old harpers – one could listen to him for hours on end – most enjoyable.

Huw Roberts

Rhagarweiniad

Wrth ddilyn hanes traddodiad y delyn ym Môn gwelwn un teulu arbennig yn brigo i amlygrwydd yn y 19eg ganrif, sef 'Teulu Telynorion y *Britannia*', Llannerch-y-medd, a daethpwyd i adnabod eu haelwyd, Tafarn y *Britannia*, fel 'Cartre'r Delyn'. Er bod nifer eraill o delynorion yn Llannerch-y-medd, y teulu hwn oedd yr enwogion.

Roedd y *Britannia* yn gyrchfan bwysig i garedigion y delyn a chanu penillion ac yn enwedig y canu cylch ac yma y bu seiadu brwd ar amrywiol bynciau ac ar wahanol agweddau'n ymwneud â'r diwylliant Cymreig.

Ni fu un teulu â chymaint o'i aelodau yn delynorion a gydoesai â'i gilydd ym Môn na chynt na chwedyn a thyfodd rhyw lun ar lên gwerin am y teulu amryddawn hwn dros y blynyddoedd.

Dengys y ffeithiau, fodd bynnag, fel y lledodd eu henwogrwydd drwy Gymru benbaladr; fel y bu i aelodau'r teulu rannu llwyfannau gydag enwogion y genedl ac fel y daethai mawrion byd cerdd i ymweld â'u haelwyd yn y *Britannia*.

Galwyd am eu gwasanaeth fel telynorion gerbron aelodau'r Teulu Brenhinol ar lawer achlysur. Gwahoddwyd hwynt fel telynorion swyddogol ar lwyfannau eisteddfodol yn lleol ac yn genedlaethol. Ymddangosasant mewn cyngherddau a chymdeithasau ymhell ac agos nid yn unig fel unawdwyr ond fel cyfeilyddion i ddatgeiniaid canu gyda'r tannau. Yn nheulu Telynorion y *Britannia* gwarchodwyd cyfoeth hen linach ddi-dor traddodiad y delyn ym Môn ers o leiaf ganol y 14eg ganrif ac mae'r hen linach

Foreword

As the story of the harp tradition of Anglesey unfolds we see one family coming to prominence in the 19th century – 'Teulu Telynorion y *Britannia*', Llannerch-y-medd – and their home, the *Britannia Inn*, became known as the 'Home of the Harp'. Although there were a number of other harpers in Llannerch-y-medd it was the members of this family who were famous.

The *Britannia* was an important centre for lovers of the harp and *penillion* singing and especially y *canu cylch*. Here took place enthusiastic and heated debate on a variety of subjects relating to the different aspects of Welsh culture.

No other Anglesey family has produced contemporaneously so many harpers amongst its members – before or since – and over the years a folk lore has grown up surrounding this many talented family.

The facts show, however, how their fame extended to other parts of Wales and how members of the family shared platforms with the famous people of the nation, and how the great names in the contemporary music world visited the *Britannia*.

Their services as harpers were called upon by the Royal Family on several occasions. They were invited to stages of local and national eisteddfodau as official harpers. They appeared in concerts and societies both near and far not only as soloists but as accompanists for *penillion* singers.

The *Britannia* harpers preserved the ancient tradition of harp playing in Anglesey, unbroken since the 14th century and which continues alive to this day. The Welsh harp – *y delyn deires* – continues to hold its own on the island and young fingers still caress its strings.

honno'n parhau'n fyw hyd heddiw. Mae'r delyn deires yn dal ei thir yn gadarn yn yr ynys a bysedd ifainc yn cydio o hyd yn ei thannau.

Uchod: Cyhoeddi Eisteddfod Môn Llannerch-y-medd, 1910.

Above: Proclamation of the Llannerch-y-medd Anglesey Eisteddfod, 1910.

Lle a'i fri yn ymestyn ym mhell yw Llannerch-y-medd. Yno medd yr hen air y claddwyd Brenin Pabo, ond nid ei goffa ef yw yr anrhydedd pennaf a fedd y lle hanesyddol eithr, yr olyniaeth o enwogion a fagwyd yno. O'i faint nid oes odid fan yng Nghymru a gododd cynifer a dyna'r pam y'i gelwid yn ATHEN MÔN. Gwŷr meddylgar o flaen eu hoes yn fyw i bynciau mawr byd a bywyd roes arno urddas a chafodd yr Eisteddfod freiniol fri o'i fewn. Erys y tân yn gynnes ar yr hen aelwyd o hyd, ac yng nghyffro'r oesau ni phallodd y brwdfrydedd. Dyma un o'r llannau Cymreiciaf yn y wlad ac y mae talent ac athrylith yn blodeuo mewn awyr gydnaws yno. Caiff y delyn ei phriod le ym mywyd y dreflan a gorhoffedd y preswylwyr yw gwrando ei phersain ac odlau y canwr penillion.

Y Rhagarweiniad (allan o Gyfansoddiadau Eisteddfod Gadeiriol Môn, Llannerch-y-medd, 1911)

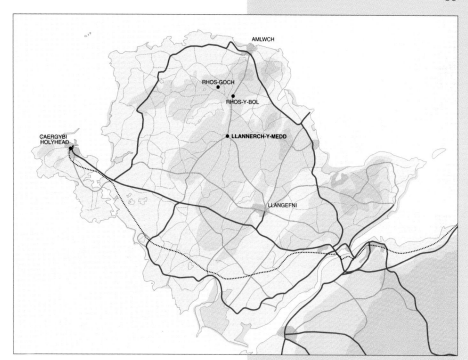

Llannerch-y-medd is a place the fame of which is known far and wide. Here, the old lore related, is where King Pabo lies buried but it is not his memory which is principally honoured or his grave as an historic place but the succession of the famous nurtured here. There is hardly another place in Wales where such a number may be counted and this is why it is called the ATHENS OF ANGLESEY. Men before their time, alert to the concern of the world and of life, these brought dignity to the village where the eisteddfod was held in great esteem.
The embers are still warm on the old hearth and during the turmoil of the times, the enthusiasm has not diminished. Here is a parish which is Welsh to the core, its talents and learning flourish in a congenial atmosphere. The harp holds a central place in the life of the village and it is a delight to listen to its sweet tones and the rhymes of its *penillion* singers.

The Foreword (from the Compositions of the Anglesey Chair Eisteddfod, Llannerch-y-medd, 1911)

a

Llannerch-y-medd, ddoe a heddiw.
Llannerch-y-medd, yesterday and today.

b

Llannerch-y-medd

Bu Llannerch-y-medd yn un o bentrefi enwocaf Cymru yn ei ddydd; er pwy a feddyliai hynny heddiw wrth deithio drwyddo yn y car.

Yn ôl yr enw dyma, fwy na thebyg, lle'r oedd un o'r distylltai medd cynharaf yn yr ynys – melys fedd – hoff ddiod ein cyndadau Celtaidd. Parhaodd yr awydd am y ddiod gadarn yn gryf yn y Llan drwy'r canrifoedd oherwydd hyd at y 1920au roedd yn y pentref tua 70 o dafarndai a thai trwyddedig neu annhrwyddedig yn gwerthu yr enwog CWRW COCH.
Cwrw oedd hwn a oedd wedi ei fragu yn y pentref ac iddo 'gic fel bastard mul jipsi' yn ôl un cymeriad lliwgar.

Wrth gyfeirio at y Celtiaid a'r gorffennol pell cofiwn am yr hen bennill hwnnw:
Yn Llannerch-y-medd y mondo
Lle ganwyd brenin Pabo
A'r frenhines deg ei bron
Yn Llannerch-y-medd mae honno.

Unwaith bu yma fwrlwm y ffair – ffeiriau enfawr yn flynyddol a marchnadoedd wythnosol hynod o brysur. Y Llan oedd prif ganolfan fasnachu'r ynys ers canrifoedd gyda phobl o bob cwr o Fôn a chyn belled â Lloegr, Iwerddon a Ffrainc yn tyrru yno i brynu a gwerthu – gwartheg, moch, ceffylau a chynnyrch megis menyn a chaws, llin, gwlanen a brethyn cartref, rhaffau cywarch, esgidiau a chlocsiau. Mor niferus oedd ei chryddion ar un adeg fel yr adwaenid y Llan fel Tre'r Cryddion. Bu cynhyrchu snisin (*snuff*) neu LLWCH MÂN LLANNERCH-Y-MEDD yn bur lewyrchus yma am gyfnod yn ystod y bedwaredd ganrif ar bymtheg.

Llannerch-y-medd

In its heyday Llannerch-y-medd was one of the most famous villages in Wales – this former glory is hard to visualise when visiting the village today.

Its name indicates that it is likely that the village was home to one of the island's earliest mead distilleries producing the sweet honeyed liquor favoured by our Celtic forefathers. Demand for strong drink by the villagers continued down the centuries and it is recorded that in the 1920s there were as many as 70 inns and licensed and unlicensed premises in the Llan selling the famous RED BEER which was brewed in the village.
The beer had an awesome reputation and is said to have had a powerful effect upon the consumer.

In recalling the ancient Celtic tradition the following verse comes to mind:
In Llannerch-y-medd y mondo
Was born old King Pabo
And his queen, the fairest one
In Llannerch-y-medd lies also.

Once upon a time all the fun of the fair was to be found here – the great annual fairs and the busy weekly markets. For centuries the Llan was the island's main commercial centre and attracted people not only from Anglesey but from as far afield as England, Ireland and France to trade and to buy and sell cattle, pigs, horses and the produce of the district such as butter, cheese, flax, wool, homespun cloth, hemp rope, shoes and clogs. The shoemakers and clog makers were once so numerous in the village that

Llannerch-y-medd was known as the Cobblers' Town. For a while during the 19th century it had a flourishing trade producing its own brand of snuff LLWCH MÂN LLANNERCH-Y-MEDD.

In the 18th century and later, Llannerch-y-medd, in common with many other villages in Wales, was a cradle and a stronghold for the sanctimonious, abstaining, narrow-minded Nonconformists – despite the RED BEER. John Wesley accompanied by Hywel Harris both preached in the village.

During the 19th century the name of the village became synonymous with Welsh culture – in its poetic, musical and eisteddfodic forms. The poet Mynyddog sang Llan's praises:

For keeping the Eisteddfod from an early grave
There's no place on earth like Llannerch-y-medd.

Llannerch-y-medd was so steeped in Welsh cultural life that, for a period, it was known by some as the 'Athens of Anglesey'. One aspect of this was its gifted *penillion* singers such as:

John Williams (Eos Môn) 1811-90, and his son

Owen Williams (Ap Eos Môn) 1845-1918, and his son

John Owain Williams (Ŵyr yr Eos) 1860-1930

also

John Owen(s) (Ehedydd Môn) 1821-99 and his son

Owen Owens (Ap Ehedydd) 1859-1947

Fel sawl pentref ac ardal arall yng Nghymru bu'r Llan unwaith yn grud a chadarnle i'r Anghydffurfwyr cul, sychdduwiol a dirwestol – er gwaetha'r CWRW COCH. Bu Hywel Harris a John Wesley ill dau yn pregethu yn y pentref.

Yn ystod y 19eg ganrif daeth Llannerch-y-medd yn enwog ar gyfrif y diwylliant Cymreig a oedd i'w ganfod yno – y diwylliant barddol, cerddorol ac eisteddfodol yn bennaf. Y bardd Mynyddog a ganodd i'r Llan ei gerdd o fawl fel a ganlyn:

I gadw'r Eisteddfod rhag mynd i'r bedd
Does le ar y ddaear fel Llannerch-y-medd.

Adwaenid y pentref gan rai yn y cyfnod fel 'Athen Môn'. Cododd yno do dawnus o ddatgeiniaid cerdd dant – dynion fel:

John Williams (Eos Môn) 1811-90, a'i fab

Owen Williams (Ap Eos Môn) 1845-1918, a'i fab

John Owain Williams (Ŵyr yr Eos) 1860-1930

hefyd

John Owen(s) (Ehedydd Môn) 1821-99, ac un o'i feibion

Owen Owens (Ap Ehedydd) 1859-1947

Roedd mab arall iddo, Robert Owen, yn arweinydd côr o fri a thra bu'n byw yn y Llan ei lysenw oedd Robert Owen 'Cornet' oherwydd mai ef oedd arweinydd seindorf bres y pentref am flynyddoedd.

Ymysg datgeiniaid eraill o Lannerch-y-medd a'r fro, diddorol yw nodi enwau fel:

Hugh Williams (Llew Môn) 1836-91

William Pritchard 1842-47

Owen Jones (Eos Cuhelyn) 1884-1957

William Thomas (Ehedydd Alaw) 1867-1934

Rhai a fu'n parhau'r traddoddiad hwn i'n dyddiau ni oedd Teulu'r *Stamp* ac unigolion fel Tommy Roberts (Tomi'r Felin).

Rhyngddynt enillodd y datgeiniaid traddodiadol hyn sawl gwobr mewn eisteddfodau lleol a chenedlaethol ledled y wlad. Bu rhai ohonynt yn feirniaid cystadlaethau canu penillion. Yng nghyswllt canu traddodiadol cofiwn hefyd am yr enwog Richard Williams (Dic Dywyll, g. 1805) fel yr adwaenid y crwydryn o faledwr dall a hanai, meddir, o bentref bychan Carmel ger Llannerch-y-medd. A lle bu eisteddfod a chanu penillion, bu hefyd delyn a thelynor.

Richard Williams (Dic Dywyll), Llannerch-y-medd a'r telynor Hugh Pugh, Dolgellau yn dychwelyd o Eisteddfod Caerdydd, 1834. Canai Dic Dywyll y delyn yn ogystal â chanu baledi.

Richard Williams (Dic Dywyll), Llannerch-y-medd and the harper Hugh Pugh, Dolgellau returning from the Cardiff Eisteddfod of 1834. As well as being a ballad singer, Dic Dywyll was also a harper.

Another of his sons, Robert Owen, was a choirmaster of some standing and was known as Robert Owen 'Cornet' during his time in Llannerch-y-medd as he was leader of the village brass band for many years.

Amongst other performers it is interesting to note:

Hugh Williams (Llew Môn) 1836-91

William Pritchard 1842-47

Owen Jones (Eos Cuhelyn) 1884-1957

William Thomas (Ehedydd Alaw) 1867-1934

The tradition endured for many years amongst members of the *Stamp* family and individual singers such as Tommy Roberts (Tomi'r Felin).

These exponents of the traditional craft of *penillion* singing won many prizes at the local and national eisteddfodau. Some gave their services as adjudicators of *penillion* singing competitions. In this context mention must be made of Richard Williams (Dic Dywyll, b. 1805) the blind ballad minstrel believed to have been born in Carmel near Llannerch-y-medd. Wherever an eisteddfod was held or *penillion* singing heard there was to be found a harp and a harper.

Historical Background to the Harp in Anglesey

The pages of history reveal that musical instruments have resounded across the Isle of Anglesey for many generations. This is the background to this book. Ancient chronicles and old documents from as long ago as the 13th century mention the names of pipers, crowthers and harpers. Poets and musicians were regarded as belonging to a class apart in society and received gifts of land in return for their services.

Of prime importance to the theme of this book and to the history of the harp in Anglesey is the reference in 1352 to a tenancy of Gwyn ap Telynor in *Alaw'r Beirdd* in the commote of Talybolion. This indicates the significant part which the island has played in preserving the harp tradition from mediaeval times not only in Wales but also in the wider context of the Celtic countries. Wales is unique in that here an unbroken harp tradition exists and in Anglesey an unbroken lineage runs from at least the 14th century to the present day.

There are references to pipers (*pibgorn* and bagpipes) and crowthers in Anglesey from the same early period and the island was the stronghold of the *pibgorn* and *crwth* until the end of the 18th century. We have some fragmentary knowledge of the melodies from these early times; names such as 'Can. Gwyn Bibydh', 'Can. Marwnad Ieuan ab y Gobh' (the work of Dafydd Athro). Dafydd Athro is referred to in Siôn Dafydd Rhys's

Cefndir Hanesyddol y Delyn ym Môn

Yn gefndir i gorff y llyfr hwn dengys y canrifoedd blaenorol y clywid sain offerynnau cerdd yn nhir Môn am genedlaethau lawer. Canfyddir mewn croniclau a dogfennau enwau pibyddion, crythorion a thelynorion cyn belled yn ôl â diwedd yr 13eg ganrif. Gwyddom fel yr ystyrid beirdd a cherddorion yn ddosbarth ar wahân mewn cymdeithas ac fel y derbyniasant diroedd yn dâl am eu gwasanaeth.

O safbwynt cynnwys y llyfr hwn mae'r cofnod yn 1352 am Gwyn ap Telynor a ddaliai dir yn Alaw'r Beirdd, Cwmwd Talybolion, yn gonglfaen o bwys yn hanes y delyn gan fod y traddodiad hwnnw yn dal yn fyw hyd heddiw ym Môn. Tanlinellir felly bwysigrwydd Môn yn hanes y delyn, nid yn unig yng Nghymru ond yng nghyd-destun ehangach y gwledydd Celtaidd. O'r holl wledydd hyn, mae Cymru yn unigryw, gan mai yma y ceir parhad di-dor y delyn draddodiadol. Felly ym Môn canfyddir traddodiad sy'n ymestyn yn ôl yn llinachol i ganol y 14eg ganrif.

Ceir, fodd bynnag, gofnodion llawn mor gynnar am bibyddion (h.y. pibgod a phibgorn) a chrythorion yn offerynnu ym Môn a bu'r ynys yn gadarnle i'r pibgorn a'r crwth hyd ddiwedd y 18fed ganrif. Goroesodd ychydig o wybodaeth i ni am enwau ceinciau a hyd yn oed enwau eu cyfansoddwyr o'r cyfnod cynnar hwn; enwau megis 'Can. Gwyn Bibydh', 'Can. Marwnad Ieuan ab y Gobh' o waith Dafydd Athro. Bu'r gŵr hwn yn un o'r enwau y cyfeirir atynt yn niwedd geiriadur Siôn Dafydd Rhys (1592) fel un a gyfrannodd tuag at gynnal addysg

Telyn unrhes o'r 17 ganrif.
A 17th century single strung Welsh harp.

Crwth chwe thant a phibgorn.
Six stringed *crwth* and *pibgorn* (hornpipe).

gerddorol ym Môn. Credir mai ar y glust y trosglwyddwyd y rhan fwyaf o'r grefft a hynny o athro i ddisgybl o genhedlaeth i genhedlaeth. Dilynwyd trefn graddio Gruffudd ap Cynan ym Môn a heblaw graddio mewn Eisteddfod awgrymir y byddid hefyd yn graddio mewn neithior fel y tybid y graddiodd Robert ap Rys yn Bencerdd cyn 1515. Yn Eisteddfod Caerwys 1567 graddiodd dau delynor o Fôn; Siôn ap Rhys a enillodd radd Pencerdd a Siôn Niwbwrch a enillodd radd Disgybl Disgyblaidd.

Siôn ab Rhys sy'n parhau
Pencerdd nefol ei geinciau
Siôn Tudur

Dengys tystiolaeth dogfennau a cherddi beirdd y cyfnod bod nifer o delynorion ym Môn yn ystod y 16eg ganrif a chroesewid hwynt i ddiddanu yn neuaddau'r plastai yn enwedig ar adeg gŵyl. Mewn un plasty ym Môn yn unig dros gyfnod o ddau fis yn 1594/95 rhestrir tri thelynor ar ddeg a pharhaodd y croeso hwnnw i'r ganrif nesaf. Arferid gweld telynorion, ymhlith beirdd ac offerynwyr eraill, yn mynychu tafarndai wrth glera a hynny'n enwedig ar adeg gwyliau a ffeiriau. Llygad-dyst i weithgareddau tebyg ac arferion eraill oedd y dyddiadurwr Robert Bwcle, *Dronwy*. Gŵr oedd hwn a ymhoffai'n fawr mewn cerddoriaeth ac un a gofnododd daliadau am wasanaeth telynorion ar ei aelwyd. Ymwelai â fferm-blasty *Bodwigan*, cartref Robert ap Huw (1580-1665) y telynor a'r prydydd, ac ef hyd heddiw yw un o gyfranwyr mawr Môn i hanes traddodiad y delyn yng Nghymru a thu hwnt. Mae'r llawysgrif hynod sy'n gysylltiedig â'i enw yn dal i ennyn diddordeb ledled y byd. Credir i Robert

Dictionary (1592) as a man who supported musical education in Anglesey. At this time, it is held, the tradition was transmitted orally from teacher to pupil, from one generation to the next. Gruffudd ap Cynan's system of graduation was followed on the island. Graduation took place not only at the eisteddfod but, it is also believed, at wedding feasts as occurred with Robert ap Rys, who graduated as *Pencerdd* (Chief Musician) in 1515. Two Anglesey harpers graduated at Eisteddfod Caerwys in 1567; Siôn ap Rhys as *Pencerdd* and Siôn Niwbwrch as *Disgybl Disgyblaidd*. The bard, Siôn Tudur, sings to Siôn ab Rhys' heavenly music.

The works of poets of this period as well as contemporary documents show that the many harpers in Anglesey during the 16th century were regularly welcomed in the homes of gentry and especially on the occasions of church festivals. Over a period of two months in the house of one of the gentry in Anglesey thirteen harpers were listed in 1594/95 and the same welcome continued well into the next century. Poets, harpers and other instrumentalists would visit the taverns at festivals and the fairs. Robert Bulkeley, *Dronwy*, the diarist, witnessed these activities and other customs, which he recorded for posterity. He was a lover of music and kept records of payments to harpers for their services in his household. He would visit *Plas Bodwigan*, the home of Robert ap Huw (1580-1665) the most significant harper and poet of the century. To this day he stands as one of Anglesey's great contributors to the Welsh harp tradition. His extraordinary manuscript continues to attract the attention of musicologists of international reputation from all parts of the world. We believe that Robert ap Huw graduated as *Pencerdd* before 1615 and that he served as harper to the Court of King James. He was buried in Llandegfan churchyard. Robert Peilin is another poet and harper who visited Anglesey as he toured the homes of the gentry. He too was in royal service and Huw Machno claimed he was the only one who could be compared to Robert ap Huw. Another who upheld the island's harp tradition in the 17th century was Siôn Huws of Llanfechell. A poem, of about 1655, referred to him as 'the sweet singer and harper'.

It surely must be concluded that playing the harp contributed to the longevity of harper Huw Llywelyn, born in 1676 in Llangadwaladr, Anglesey, who lived to be 114 years old and died in 1790. He is reported to have played the harp up to a fortnight before his death. A comparison can be made with the Irish harper, Denis Hempson, who lived to see his 112th year and lived between 1695-1807.

In the closing years of the 17th century the tradition began to show signs of decline as the patronage of the gentry dwindled and social attitudes imposed restrictions on the old customs and ways. Over the centuries the Anglesey gentry had extended their patronage to poets and

ap Huw raddio'n Bencerdd cyn 1615 a bu'n gwasanaethu fel telynor yn llys y Brenin Iago a chladdwyd ef ym mynwent Eglwys Llandegfan. Un a ymwelai â Môn ar deithiau clera oedd y bardd a'r telynor Robert Peilin ac o blith yr holl delynorion dywedir mai ef yn unig a allai gystadlu â Robert ap Huw.

P'le ca' i gymar dihareb
P'le ni wn? On'd Peilin neb
Huw Machno

Bu Robert Peilin yntau hefyd yng ngwasanaeth y brenin. Bardd a thelynor arall a gyfrannodd yn amlwg at gynnal traddodiad y delyn yn hanner olaf y 17eg ganrif oedd Siôn Huws, Llanfechell, y cyfeirir ato mewn cerdd fel telynor a datgeinydd oddeutu 1655.

Mae'n rhaid bod canu'r delyn yn llesol i'r corff a'r enaid, oherwydd bu i'r telynor Huw Llywelyn, a aned yn 1676 yn Llangadwaladr, Môn, gyrraedd oedran teg o 114 mlynedd pan fu farw yn 1790. Dywedir ymhellach ei fod yn trin y tannau hyd at bythefnos cyn ei farw. Gellir tynnu cymhariaeth rhyngddo a'r telynor o Wyddel, Denis Hempson. Bu yntau fyw hyd 112 mlwydd oed rhwng 1695 a 1807.

Cyn machlud blynyddoedd olaf yr ail ganrif ar bymtheg gwelwyd bod seiliau'r traddodiad yn gwegian rhyw ychydig; nawdd y bonedd yn edwino i ryw raddau ac agweddau cymdeithasol yn gorfodi rhwystrau ar yr arferion a'r drefn a fu. Bu'r plastai ar hyd y canrifoedd yn noddi beirdd a cherddorion ym Môn. Yn eu plith yn y cyfnod cynnar yn y 16ed ganrif caed lleoedd fel y *Chwaen, Porthamal, Bodowyr* a *Hirdre-faig*, ac yna'n ddiweddarach y *Brynddu*, y *Garreg-lwyd*,

Lewis Morris.

Bodewryd, Bodorgan, Penrhos a *Baron Hill,* lle tybir y cyflogwyd yr olaf o'r telynorion gan fonedd Môn ar ddiwedd y 18fed ganrif.

Serch hynny, canfuwyd enwau nifer helaeth o delynorion ym Môn yn y 18fed ganrif a pharhaodd rhai o'r bonedd i estyn nawdd i feirdd a cherddorion. Un o'r rhain oedd William Bwcle (1691-1740) o'r *Brynddu*, Llanfechell, dyddiadurwr arall, a ffynhonnell werthfawr eto. Hoffai ef gwmni beirdd, llenorion a cherddorion; ymddiddorai mewn cerddoriaeth a chadwai delyn ar ei aelwyd. Telynor a wasanaethai yn ei gartref ar wahanol adegau oedd Rhys Gray (1704-61) o Lanfairpwll a gladdwyd yn Eglwys Biwmares. Diddorol yw sylwi ei fod yntau fel y rhai a nodwyd eisoes yn fardd a thelynor ac fel crefftwr gallai lunio telyn ei hun. Cysylltir enw Rhys Gray â theulu *Pentre-eirianell,* sef Morrisiaid Môn, un o deuluoedd gwerinol pwysicaf y 18fed ganrif. Bu'r tri brawd Lewis, Richard a William ynghyd â'u cylch cyfeillion yn ddylanwadol iawn ymhlith eu cyd-wladwyr mewn nifer o amrywiol feysydd.

Trwy eu rhieni, Morris Prichard a Marged Morris, etifeddodd y tri brawd ddoniau cerddorol naturiol a bu Rhys Gray yn rhoi gwersi telyn i Richard Morris yn 1720. Gallai Lewis wneuthur a chanu telyn hefyd. Gwyddom y gallai'r fam a'r tad 'ganu gyda'r tannau' a chafwyd nosweithiau llawen ar yr aelwyd, tebyg i'r un a ddisgrifiwyd gan William Morris yn 1754:

"Telyn ein nith Marged, who plays very pretty and Ffoulkyn's violin, the parson, father, myself etc. yn canu gyda'r tannau."

Cofnodwyd ganddynt yn eu llythyrau

musicians. Amongst these were the houses of *Chwaen, Porthamal, Bodowyr* and *Hirdre-faig* in the sixteenth century to be joined later by *Brynddu, Garreg Lwyd, Bodewryd, Bodorgan, Penrhos* and *Baron Hill.* It was at *Baron Hill* at the end of the 18th century that the last of the harpers was employed by gentry.

In spite of this a great number of harpers were to be found in the eighteenth century and many of the gentry continued to welcome poets and musicians into their houses. One such was William Bulkeley (1691-1740) of *Brynddu*, Llanfechell, another diarist and another valued source of information. He delighted in the company of poets, literateurs and musicians. A musician himself, he had a harp in his home. Rhys Gray (1704-61) served there as a harper. He came from Llanfairpwll and lies buried in the churchyard at Beaumaris. It is interesting to note that in addition to being described as a poet and a harper he was also a craftsman and is credited with building his own harp. Rhys Gray is connected with the *Pentre-eiriannell* family of Morris. The Morrises of Anglesey are one of the most important of the native families of the 18th century. The three brothers Lewis, Richard and William, together with their circle of friends, were very influential amongst their compatriots in a variety of fields of activity.

From their parents, Morris Prichard and Margaret Morris, the brothers inherited natural musical talents and Richard received harp lessons from

Rhys Gray in 1720. Lewis could play the harp and built his own. Both mother and father could sing *penillion*, *canu gyda'r tannau*, and *nosweithiau llawen* were frequently held in their home. William Morris described one in 1754:

"Marged [our niece] who plays [the harp] very pretty, and Ffoulkyn's violin, the parson, father, myself etc yn *canu gyda'r tannau*."

In the Morrises' letters, much of interest was documented on the customs and stories of rural life in eighteenth century Anglesey. Amongst the numerous descriptions there is a description of a wedding where,

"In their way to church plays fiddles or harps and dance morris dances all ye way."

Rhys Cox describes a *twmpath* in Llanfair-yng-Nghornwy before 1745, 'where scores of young lads and lasses dance in the woods to the harp and crwth (fiddle).'

The Morris brothers' interest lay in the activities and entertainments of the country folk and they were industrious in attempting to educate and interest the Anglesey gentry in the Welsh traditions which surrounded them.

In the context of the harp it is important to note that the Robert ap Huw manuscript was in the possession of Lewis Morris for a time. Lewis made drawings of harps and noted their measurements. One of these was of John Parry's harp, the blind harper of

wybodaeth ddiddorol am arferion a hanes bywyd cefn gwlad. Ymhlith y llu disgrifiadau, sy'n cyd-fynd â thema'r llyfr hwn, ceir cyfeiriad at briodas lle

"In their way to church plays fiddles or harps and dance morris dances all ye way."

Tebyg yw hyn i gofnod diddorol arall gan Rhys Cox yn disgrifio dawnsio twmpath yn Llanfair-yng-Nghornwy rywbryd cyn 1745 pryd

"y byddai ugeiniau o feibion a merched ieuanc yn dawnsio mewn coedwig i'r delyn a'r crwth (ffidil)."

Roedd diddordeb y Morrisiaid yn holl weithgareddau a diddanwch y werin bobl a buont yn weithgar yn ceisio addysgu ac ennyn diddordeb ysweiniaid Môn yn y traddodiadau Cymreig ac yn y rhai a fodolai o'u hamgylch.

Ym myd y delyn, pwysig yw nodi y bu llawysgrif Robert ap Huw ym meddiant Lewis Morris am gyfnod. Tynnodd Lewis luniau telynau a nodi eu mesuriadau ac un o'r rheiny yw telyn John Parry Ddall, Rhiwabon, un o delynorion blaenllaw y dydd. Rhoddodd John Parry wersi telyn i Siôn Owen, nai y Morrisiaid, a brynodd delyn gan y telynor Evan Williams o Langybi, gŵr a gydweithiodd gyda John Parry ar y gyfrol Antient British Music 1742.

Cyn gadael y tri brawd hyn, dylid sôn am eu gweithgaredd yng Nghymdeithas Cymmrodorion Llundain; Richard Morris yn Dad y Gymdeithas a sefydlwyd yn 1751 ac yntau a Lewis yn golofnau brwd iddi.

Y gymdeithas hon ynghyd â rhai fel Y Gwyneddigion a'r Cymreigyddion fu'n gyfrifol am ddwyn parch a chefnogaeth i'r delyn Gymreig a thanio gwreichion newydd i'w bywyd drwy sefydlu eisteddfodau a roddodd lwyfan iddi.

Er gwaethaf gofidiau Lewis Morris am ddiflaniad y llewyrch a fu ar y traddodiad yng Nghymru:

Nid oes 'nawr, dirfawr darfu – na maswedd
   Na miwsig yng Nghymru
   Dïau oedd fod dydd a fu
   Telyn gan bob pen teulu

a'i frawd William ar ôl marw penteulu Brynddu yn 1760:

Yn iach le i'r delyn ym Mrynddu
daccw haid yntau haig o ferched
Yn caru tea yn well na pheroriaeth

bu cymaint â phump ar hugain neu fwy o delynorion ym Môn yn ystod y 18fed ganrif. Er cefnu i ryw raddau ar y delyn yn sgil y Diwygiad Methodistaidd llwyddodd y traddodiad i gamu ymlaen dros drothwy'r ganrif ac ymlaen i'r 19eg ganrif.

Bu cynnal eisteddfodau ym Môn yn fodd i ddenu telynorion i gystadlu ac ymhlith enwau'r telynorion eisteddfodol hyn o Fôn roedd William Jones (1760-1847), Biwmares a gynigiodd, ynghyd â chwech arall, ar gystadleuaeth y delyn deires yn Eisteddfod Biwmares 1832. Gwelwyd ei enw fel cystadleuydd hefyd yn Eisteddfod Llannerch-y-medd yn 1835, ac yn 80 oed bu'n un o naw yn cystadlu ar y delyn deires yn Eisteddfod Lerpwl 1840.

Ruabon, who was one of the leading harpers of the day. Siôn Owen, the Morrises' nephew, received harp lessons from John Parry and bought a harp from Evan Williams, the harper from Llangybi, who collaborated with John Parry on the volume Antient British Music 1742.

Before leaving the three brothers, their work with the Honourable Society of Cymmrodorion established in London in 1751, must be mentioned. Richard was the Father of the Society and he and his brother, Lewis, were its pillars. This society together with the Gwyneddigion and the Cymreigyddion were responsible for raising support and respect for the Welsh harp and injecting new life into its use, providing a stage for it by establishing eisteddfodau.

Despite Lewis' fears that the traditions were declining in Wales (fears that were shared by his brother, William, especially on the death of the head of the family at Brynddu in 1760), there were twenty five harpers or more in Anglesey during the 18th century. However there was a slight decline following the Methodist Revival but the tradition succeeded in crossing the threshold into the 19th century.

The Anglesey eisteddfodau attracted harpers to compete, and among these was William Jones (1760-1847) of Beaumaris, who competed, with six others, on the triple harp in the Beaumaris Eisteddfod of 1832. His name also appears as a competitor in the 1835 Llannerch-y-medd Eisteddfod and in his eightieth year he was one of

Gyferbyn: John Parry (Parri Ddall) o Riwabon (1710?-82).
Opposite: Blind John Parry of Ruabon (1710?-82).

nine competitors on the triple harp in the Liverpool Eisteddfod in 1840.

In the 1832 Beaumaris Eisteddfod, the competition for the Welsh Triple Harp was won by John Williams of Oswestry, who was born in Llangadwaladr, Anglesey, the son of Richard Williams, sexton of the parish. John Williams was considered to be an excellent harper who had been taught by the famous blind harper, Richard Roberts, Caernarfon.

It is interesting to note the variety of Welsh airs performed in this competition. Griffith Jones, Capel Curig, played 'Bro Gwalia'; E. Jones, Corwen, 'Serch Hudol'; William Jones, Beaumaris, 'Pen Rhaw'; Richard Puw, Dolgellau, 'Difyrrwch y Brenin' and Rhys Jones, Llanrwst, 'Sweet Richard'. John Williams' performance of 'Syr Harri Ddu' with variations received much applause. He was presented with the prize of a silver medal by Princess Victoria who was attending the eisteddfod with the Duchess of Kent.

She did not forget the sound of the Welsh Triple Harp which she heard on that occasion. When presented with a triple harp by the Reverend Thomas Price (Carnhuanawc) and others in the court in London she remarked to Mr. Price that 'She was no stranger to the strains of the Welsh harp having heard it at the great National Eisteddfod in 1832'.

The 19th century witnessed the beginning of a new period in the history of the harp in Anglesey as it passed into the hands of a new generation. Among this new

Yn yr Eisteddfod honno a gynhaliwyd ym Miwmares yn 1832, yr un a gipiodd y wobr gyntaf yng nghystadleuaeth y delyn deires oedd John Williams, Croesoswallt, ond yn enedigol o Langadwaladr, Môn, a mab i'r clochydd Richard Williams o'r plwyf hwnnw. Ystyrid ef yn delynor rhagorol a hyfforddwyd gan yr enwog Richard Roberts, y telynor dall o Gaernarfon.

Diddorol yw sylwi ar yr amrywiaeth o alawon a berfformiwyd yn y gystadleuaeth hon: Griffith Jones, Capel Curig, yn canu 'Bro Gwalia'; E. Jones, Corwen, 'Serch Hudol'; William Jones, Biwmares, 'Pen Rhaw'; Richard Puw, Dolgellau, 'Difyrrwch y Brenin'; Rhys Jones, Llanrwst, 'Sweet Richard'. Ond fe roddwyd cymeradwyaeth arbennig i berfformiad John Williams o'r alaw 'Syr Harri Ddu' gydag amrywiadau. Cyflwynwyd tlws arian iddo yn wobr a hefyd arwisgwyd ef gan y Dywysoges Fictoria a oedd yn bresennol yno gyda Duges Caint.

Nid anghofiodd y dywysoges ieuanc sain y Delyn Deires Gymreig a glywsai ym Môn y diwrnod hwnnw oherwydd cyfeiriodd at yr eisteddfod ym Miwmares pan gyflwynodd y Parchedig Thomas Price (Carnhuanawc), ynghyd ag eraill, delyn deires hardd iddi yn y llys yn Llundain rhyw bum mlynedd yn ddiweddarach.

Esgorwyd ar gyfnod newydd yn hanes y delyn ym Môn yn y 19eg ganrif a throsglwyddwyd y traddodiad llinachol hwn i ddwylo to newydd a pharhaodd y delyn deires yn fyw ym Môn i'r ganrif ddilynol. Ymhlith y to newydd o ddatgeiniaid ar y delyn hon yr oedd John Hughes (1802-89) o Lanfechell a

'Y Telynor Dall' (ar ei ffordd i'r Eisteddfod) gan John Orlando Parry, 1837. Tybed ai'r hen delynor, William Jones yw hwn, a fu'n cystadlu yn Eisteddfod Genedlaethol Biwmares, 1832?

'The Blind Welsh Harper' (on his way to an Eisteddfod) by John Orlando Parry, 1837. Could this be the old harper, William Jones, who competed in the National Eisteddfod at Beaumaris in 1832?

Eisteddfod Frenhinol Aberffraw, 1849.
Royal Eisteddfod of Aberffraw, 1849.

ymsefydlodd wedyn ym *Mhenyrorsedd*, Llandrygarn, a'i fab Hugh Hughes (1830-1904). Enwir John Hughes yn delynor yn Eisteddfod Llannerch-y-medd yn 1849 ac yna Eisteddfod Llanfachraeth 1855 lle'r oedd yn un o'r beirniaid ar ganu penillion. Enillodd y mab, Hugh Hughes, y wobr gyntaf am ganu'r delyn deires yn Eisteddfod Llanrwst yn 1876.

Cysylltir enw'r telynor William Williams, a flodeuai c.1840, ac y tybir iddo gael ei eni yn Llangefni, gyda dwy Eisteddfod Aberffraw. Yn y gyntaf, yn 1847, fe'i disgrifir yn delynor ifanc yn cyfeilio i ddatgeiniad. Yn ail Eisteddfod Aberffraw yn 1849, roedd yn un o 11 yn cystadlu ar y delyn deires, a'r unig delynor o Fôn; yn yr eisteddfod hon rhoddwyd gwobr o delyn arian. Dywedir yn *Llyfr Cerdd Dannau* Robert Griffith

"he played King's Joy (Difyrrwch y Brenin) in excellent style".

Telynor a hanai o deulu diwylliedig John Hughes (Ieuan Alaw) a'i wraig Mary (Mair Alaw) o Lannerch-y-medd oedd Thomas Hughes (1845-1908), Telynor Alaw. Bu'n gwasanaethu ar y delyn yn Eisteddfod Wrecsam 1876. Ef oedd tad Telynores Menai a fu'n gwasanaethu yn delynores yn Eisteddfodau Pwllheli 1889, Bangor 1890 a Llansannan 1901. Gallai'r crefftwr Richard Hughes, Llanfair-yng-Nghornwy, (1826-1905) ac wedyn Llannerch-y-medd, saernïo a chanu telyn, yn dilyn camp Rhys Gray a Lewis Morris o'i flaen. Gwnaeth delyn deires i'w fab Hugh Griffith Hughes (1860-1894), Telynor Arfon, a enillodd y brif wobr ar ganu'r delyn yn Eisteddfod Pwllheli 1875. Credir i Richard Hughes lunio telyn anghyffredin wedi'i gwneud â dur. Daeth honno i feddiant Ap Eos Môn ac fe'i rhoddodd i'r Orsedd yn Eisteddfod Genedlaethol Caernarfon 1906.

generation of performers were John Hughes (1802-89) of Llanfechell, who later settled in *Penyrorsedd*, Llandrygarn, and his son Hugh Hughes (1830-1904). John is named as a harper in the Llannerch-y-medd Eisteddfod in 1849, also in the Llanfachraeth Eisteddfod in 1855 where he adjudicated the *penillion* singing. His son won first prize for playing on the triple harp in the Llanrwst Eisteddfod in 1876.

The name of William Williams (c.1840), who may have been born in Llangefni, is mentioned in connection with two Aberffraw Eisteddfodau. In the first, in 1847, he is described as a young harper accompanying singers. In the second Eisteddfod in 1849, he was one of 11 competitors in the triple harp competition for which the prize was a silver harp and he was the only harper in this competition from Anglesey. Robert Griffith says of him in *Llyfr Cerdd Dannau*,

"he played King's Joy (Difyrrwch y Brenin) in excellent style."

Thomas Hughes (1845-1908), Telynor Alaw, belonged to the talented family of John Hughes (Ieuan Alaw) and his wife Mary (Mair Alaw) of Llannerch-y-medd. He played the harp at the Wrexham Eisteddfod in 1876. He was the father of Telynores Menai, who was the harpist at many eisteddfodau including those in Pwllheli 1889, Bangor 1890 and Llansannan in 1901. Richard Hughes (1826-1905), the craftsman from Llanfair-yng-Nghornwy and later Llannerch-y-medd, could build and play the harp following in the tradition of Rhys Gray and Lewis Morris before him. He made a harp for his son, Hugh Griffith Hughes (1860-1894), Telynor Arfon, who won the first prize for playing the harp at the Pwllheli Eisteddfod in 1875. It is believed that Richard Hughes made a very unusual steel harp. This harp was bought by Ap Eos Môn who presented it to the Gorsedd at the National Eisteddfod in Caernarfon 1906.

Miss Eva Griffiths of Holyhead won the harp competition in Eisteddfod Môn, Menai Bridge in 1878 and at Beaumaris in 1910. She was the grand-daughter of R. Môn Williams, author of *Enwogion Môn*, poet and harper and it is likely that it was his influence that inspired her to play the harp. She married Richard Michael Hughes and they lived in Thomas Street, Holyhead. The offering of a triple harp as a prize was an attraction in some of the eisteddfodau of this period. William Williams, already referred to, took part in a competition in the Llanfachraeth Eisteddfod 1855, which was confined to Anglesey harpers for which a triple harp, given by John Jones, *Darllawdy*, Llanfachraeth, was the prize. The harp was won, not by William Williams, but by Owen Jones or Owain Môn, as he was sometimes referred to. He was Telynor Cybi and brother to John Jones, Telynor Môn, both were sons of Robert Jones (b.1795) a harper of *Tanyfynwent*, Amlwch. At this point we meet the members of the Llannerch-y-medd family of harpers and the subject of the main section of this book.

Enillodd Miss Eva Griffiths o Gaergybi ar y delyn yn Eisteddfod Môn, Porthaethwy, 1878, a Biwmarcs 1910. Wyres oedd hi i R. Môn Williams, awdur *Enwogion Môn*, bardd a thelynor. Amlwg iddi ddod o dan ei ddylanwad ef wrth droi at drin y tannau. Priododd hi â Richard Michael Hughes a buont yn byw yn Stryd Domos, Caergybi.

Atyniad rhai o eisteddfodau'r cyfnod oedd cynnig telynau teires yn wobrwyon. Cynigiodd William Williams, y cyfeiriwyd ato eisoes, yn Eisteddfod Llanfachraeth 1855 ar gystadleuaeth wedi'i chyfyngu i delynorion Môn yn unig a rhoddwyd telyn deires yn wobr gan John Jones, *Darllawdy*, Llanfachraeth. Enillwyd hon, nid gan William Williams, ond gan Owen Jones, neu Owain Môn, fel y'i gelwid weithiau. Ef oedd Telynor Cybi a brawd John Jones, Telynor Môn a thad y ddau hyn oedd y telynor Robert Jones (g.1795) *Tanyfynwent*, Amlwch. Dyma felly ddod â ni at aelodau teulu Telynorion Llannerch-y-medd a chyfnod prif gorff y llyfr hwn.

Ap Eos Môn a Thelynores Arfon yn canu'r delyn deires o ddur a luniwyd gan Richard Hughes. Mae'r delyn bellach yng nghasgliad Amgueddfa Werin Cymru, Sain Ffagan.
Ap Eos Môn and Telynores Arfon playing the unusual steel harp made by Richard Hughes. The harp is now in the collection of the Museum of Welsh Life, St Fagans, Cardiff.

Cystadleuwyr o delynorion a'u cynulleidfa.
Harp contestants and their audience.

The Welsh Triple Harp

The Welsh Triple Harp has three rows of strings, the two outer rows are tuned to the diatonic scale and the inner row to the accidentals, making the instrument completely chromatic. It has no pedals or mechanism whatsoever. It is a difficult instrument to master but heavenly to listen to. Sound effects peculiar to the instrument can be produced by playing the two outer rows in swift succession, a sound which is unobtainable on the large orchestral harps which are all too frequently found accompanying folk dancing or modern *penillion* singing today.

The concept of building a harp with three rows of strings came from the Italians. It was developed to cope with the new type of music which was developing during the 16th century. Thus the first triple harp was played in Italy in 1600. It was a low headed instrument with seventy five strings. Soon after this date the instrument was heard in the courts of France and England. In London, at that time, there were harpers and harp makers from Wales who adopted the harp with three rows of strings and adapted it for the Welsh style of harp playing. These harps were designed to rest on the left shoulder which was the Welsh custom – on the Continent the harp was played on the right shoulder, which, of course, is the classical way and so it continues to the present day. The number of strings was increased to a hundred and the height was also increased.

In time the triple harp disappeared from the Continental stage. It was not easy to tune or to play. Here in Wales its use

Y Delyn Deires Gymreig

Mae i'r Delyn Gymreig dair rhes o dannau, y ddwy res allanol wedi eu cyweirio i'r raddfa ddiatonig, a'r rhes ganol i'r hapnodau, gan wneud yr offeryn yn hollol gromatig. Nid oes pedelau na pheirianwaith mecanyddol yn agos iddi. Mae'n offeryn anodd i'w feistroli, ond yn nefolaidd i wrando arni. Gellir cynhyrchu seiniau arbennig trwy ganu'r ddwy res allanol mewn olyniant cyflym, sŵn na ellir ei efelychu ar y delyn fawr gerddorfaol a welir yn rhy aml bellach ar lwyfannau ein gwlad, yn cyfeilio i ddawnsio gwerin neu'r canu cerdd dant modern.

Mae'n debyg mai syniad yr Eidalwyr oedd llunio telyn â thair rhes o dannau er mwyn ymdopi â'r math newydd o gerddoriaeth a ddatblygodd yn yr unfed ganrif ar bymtheg. Canwyd y deires Eidalaidd am y tro cyntaf yn 1600. Telyn ben isel ydoedd gyda thua saith deg pump o dannau. Yn fuan wedyn clywid yr offeryn newydd yn llysoedd Ffrainc a Lloegr. Yn Llundain ar y pryd yr oedd telynorion a seiri telynau o Gymru. Mabwysiadwyd ganddynt y syniad o delyn â thair rhes o dannau gan ei haddasu gogyfer â'r dull Cymreig o ganu telyn. Lluniwyd eu telynau teires i orffwys ar yr ysgwydd chwith, yn unol â'r drefn Gymreig (ar yr ysgwydd dde y cenid telyn ar y cyfandir a dyma'r ffordd *glasurol* hyd heddiw wrth gwrs). Tyfodd y deires Gymreig i fod yn offeryn ben uchel ac iddi dros gant o dannau coludd.

Cyn bo hir diflannodd y deires o lwyfannau'r cyfandir; nid hawdd oedd ei thiwnio na'i chanu, ond yma yng Nghymru tyfodd yn draddodiad ynddi ei

Telyn deires Gymreig o waith John Richard, Llanrwst o'r 18 ganrif.
Welsh triple harp by John Richard, Llanrwst from the 18th century.

Dwy delyn deires gyfoes – gwaith Bryan Blackmore, Llangwm, Sir Benfro a Philip Lourie, Sir Ddinbych.
Two modern triple harps – made by Bryan Blackmore, Llangwm, Pembrokeshire and Philip Lourie, Denbighshire.

hun ac erbyn diwedd y ddeunawfed ganrif adwaenid hi fel 'y Delyn Gymreig'.

Adeiladwyd nifer o delynau teires yn ystod y ddeunawfed a'r bedwaredd ganrif ar bymtheg. Roedd tref Llanrwst yn enwog am ei seiri telyn am flynyddoedd a dyma y **lle** i gael telyn Gymreig rhyw ddau gan mlynedd yn ôl. Yn ddiweddarach bu Bassett Jones, Caerdydd a seiri telyn *Plas Llanofer*, Gwent, yn dyngedfennol yn hanes ein hofferyn cenedlaethol. Cenid y delyn hon gan lu o'n cerddorion gwerinol a chlywid ei seiniau mewn tafarn, ffair, gŵyl, plasty, eisteddfod ac eglwys, o Fôn i Fynwy.

Fodd bynnag, erbyn diwedd Oes Fictoria, roedd y delyn bedal, neu'r delyn 'Seisnig' fel y'i gelwid hi gan rai bryd hynny, wedi disodli'r delyn Gymreig i bob pwrpas. Fe chwaraeodd yr Eisteddfod Genedlaethol ran fawr yn hyn o beth ac erbyn tua 1900, ychydig iawn a allai ganu'r deires a llai fyth ei llunio.

A ninnau bellach ar ddechrau mileniwm newydd, braf yw gwybod bod yr hen delyn Gymreig yn magu gwreiddiau eto yn nhir Cymru; diolch i ddyfalbarhad nifer fechan o delynorion a seiri telyn brwdfrydig a chenedlatholgar.

Mae'r Gwyddelod a'r Albanwyr yn falch o'u pibau, ffidlau a'u telynau bychain, y Llydawyr o'u 'bombard' a 'biniou'. Brysied y dydd pan fydd y Cymry cyn falched o 'delyn berseiniol eu gwlad'.

continued and it became a part of our tradition. By the end of the eighteenth century it was known as the 'Welsh harp'.

During the eighteenth and nineteenth centuries many triple harps were built in Wales. The town of Llanrwst was famous for its harp builders and two hundred years ago this was **the place** to obtain a Welsh harp. Later, Bassett Jones of Cardiff and the harp builders in *Plas Llanofer*, Gwent, were of vital importance in maintaining the living tradition of our national instrument. It continued to be played by a host of folk musicians and its characteristic sound was heard in inns, eisteddfodau, folk festivals, churches and mansions throughout the length and breadth of Wales – from Anglesey to Monmouth.

However, by the close of the Victorian era, to all intents and purposes, the pedal harp or 'English' harp, as it was called by some in those days, had ousted the triple harp from its position. The National Eisteddfod played a significant part in facilitating the adoption of this English harp. By about 1900 very few harpers could play the Welsh harp and fewer still were able to build them.

As we enter the new Millennium it is heartening to record that the Welsh harp is undergoing a revival here in Wales, due to the untiring efforts of a small number of enthusiastic harpers and the presence of skilled craftsmen.

The Irish and the Scots are proud of their pipes, fiddles and small harps, the Bretons of their 'bombard' and 'biniou'. May the day soon dawn when once again the people of Wales will burst with pride at the 'sweet sounding harp' of their land'.

Adain Telynorion Môn drwy Delynorion Llannerch-y-medd
The Branch of The Anglesey Harpers through Telynorion Llannerch-y-medd

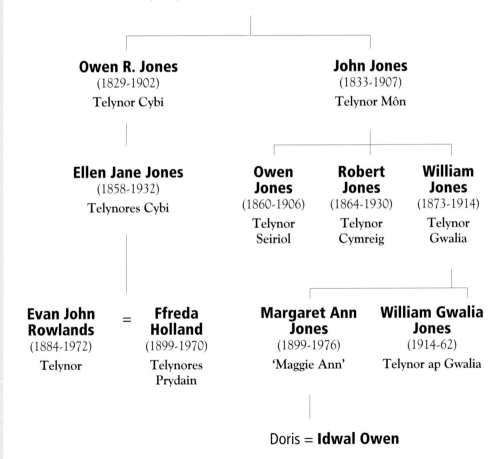

Robert Jones
(ganed/*born* 1795)

Telynor, *Tan y Fynwent*, Amlwch yn disgyn yn llinachol drwy Delynorion Môn hyd at Gwyn ap Telynor 1352 o Alaw'r Beirdd, Cwmwd Talybolion

Harper, Tan y Fynwent, Amlwch descended from Gwyn ap Telynor 1352 of Alaw'r Beirdd, Commote of Talybolion through the line of The Anglesey Harpers

Owen R. Jones
(1829-1902)

Telynor Cybi

John Jones
(1833-1907)

Telynor Môn

Ellen Jane Jones
(1858-1932)

Telynores Cybi

Owen Jones
(1860-1906)

Telynor Seiriol

Robert Jones
(1864-1930)

Telynor Cymreig

William Jones
(1873-1914)

Telynor Gwalia

Evan John Rowlands
(1884-1972)

Telynor

=

Ffreda Holland
(1899-1970)

Telynores Prydain

Margaret Ann Jones
(1899-1976)

'Maggie Ann'

William Gwalia Jones
(1914-62)

Telynor ap Gwalia

Doris = **Idwal Owen**

Telynor Cybi
Owen Robert Jones
(1829-1902)

a adwaenid hefyd fel Owain Môn

Ganed Owen Robert Jones yn Amlwch yn un o bedwar plentyn i Robert ac Elizabeth Jones. Ni wyddys pa bryd y symudodd i fyw i Gaergybi ond dyma'r dref a roddodd iddo'i enw telynorol. Er mai fel telynor y mae o ddiddordeb pennaf i ni, diddorol yw sylwi fel y bu iddo droi ei law at nifer o wahanol alwedigaethau yn ystod ei fywyd. Bu'n bobydd, yn fragwr a thafarnwr, siopwr, ffarmwr ac ar un cyfnod yn gynhyrchydd dŵr mwynol.

Priododd â Jane Williams, merch Henry Williams, Llanaelhaearn yn Eglwys Caergybi, 13 Ionawr, 1858.
Ar dystysgrif y briodas rhoddir cyfeiriad Jane Williams fel Penrhos. Tybed felly a oedd ganddi gysylltiad â *Phlas Penrhos*, cartref teulu Stanley lle y gwahoddwyd Telynor Cybi a'i ferch Telynores Cybi wedyn i roi o'u gwasanaeth ar y delyn.

Ymsefydlodd y pâr priod yn *Nhafarn Penrhyn Marchog*, Porth-y-Felin, Caergybi a ganed pedwar o blant iddynt; efeillaid, Robert Henry ac Ellen Jane, (Telynores Cybi), yn 1858, John Henry (1860-1936) a Mary Ann oddeutu 1862. Mae hanes o fewn cof aelodau'r teulu am alw'r dafarn honno gan drigolion lleol yn dafarn *The Harp* oherwydd byddai telynor yn canu ei delyn y tu allan iddi yn y stryd. Roedd marchnata hyd yn oed yn y cyfnod hwnnw yn hollbwysig.

Yr oedd lle i adloniant mewn tref fel Caergybi gan fod yno gymaint o fynd a

Telynor Cybi
Owen Robert Jones
(1829-1902)

also known as Owain Môn

Owen Robert Jones was born in Amlwch to Robert and Elizabeth Jones, one of four children. It is not known when he moved to Holyhead, but it was this town which gave him his name as a harper – Telynor Cybi. Our principal interest in him is as a harper. However, we note in passing, that during his lifetime he was able to turn his hand to a variety of occupations: he was a baker, a brewer, a publican, shopkeeper, farmer and at one period even a mineral water producer.

On 13 January, 1858, in St. Cybi's Church, Holyhead, he married Jane Williams, daughter of Henry Williams, Llanaelhaearn. The marriage certificate gives Jane's address as Penrhos which suggests that there may have been a connection between her and *Plas Penrhos*, the home of the Stanleys. It is to this house in later years that Telynor Cybi and his daughter, Telynores Cybi, were invited to entertain the family with their harps.

The married couple set up home in the *Penrhyn Marchog Inn*, Porth-y-felin, Holyhead. In due course they had four children: the twins Robert Henry and Ellen Jane (Telynores Cybi) were born in 1858, John Henry (1860-1936) and Mary Ann born around 1862. Family lore recalls that the inn was called *The Harp* by local residents because a harper used to play in the street outside the tavern. Marketing, even in those distant days, was all-important.

There was a constant demand for entertainers in a town such as Holyhead with so many travellers using the port. What better than the sound of the Welsh harp and its distinctive appearance to enchant the eye and ear of visitors from near and far. Telynor Cybi and his young daughter, whom he taught, entertained members of the Royal Family and also royal families from overseas as they visited these shores. On one of these occasions Telynor Cybi was invited to play on board the Royal Yacht, *Britannia*. On many occasions he was invited to entertain guests at *Plas Penrhos*. It is a matter of record that he was presented with a triple harp by a member of the Royal Family in appreciation of his performance on the Welsh harp. This harp was in the possession of Mr and Mrs H. Williams, *Pencledrog*, Valley in 1902, the year he died.

Telynor Cybi and his family ran the *Penrhyn Marchog Inn* for several years before moving, in about 1881, to Rhos-goch, on the outskirts of Amlwch, to run the inn and shop there. During his time in Holyhead he established himself not only as an entertainer on the harp but also as a tutor and a competitor and as such he achieved notable success. Apart from tutoring his own daughter he was also responsible for instructing other young

dod trwy ei phorthladd a pha beth gwell na sain y delyn Gymreig a'i golwg urddasol i ddenu llygad a chlust ymwelwyr o bell ac agos. Bu Telynor Cybi a'i ferch ifanc Telynores Cybi, a hyfforddwyd ganddo, yn diddanu aelodau o'r Teulu Brenhinol ac aelodau o deuluoedd brenhinol gwledydd tramor ar wahanol achlysuron. Gwahoddwyd Telynor Cybi i ganu ei delyn Gymreig ar fwrdd yr iot frenhinol *Britannia* ar un o'r ymweliadau hyn a bu hefyd yn diddanu ymwelwyr ym *Mhlas Penrhos* amryw o weithiau. Cofnodwyd iddo gael telyn deires yn anrheg gan aelod o'r Teulu Brenhinol i ddangos gwerthfawrogiad o'i delynori a bod y delyn honno ym meddiant Mr a Mrs H. Williams, *Pencledrog*, Y Fali, yn 1902, sef blwyddyn ei farw.

Yn nhref Caergybi y bu Telynor Cybi a'i deulu yn rhedeg *Tafarn Penrhyn Marchog* am nifer o flynyddoedd cyn symud i gadw tafarn a siop yn Rhos-goch yng nghyffiniau Amlwch rywbryd cyn 1881. Yn y cyfnod a dreuliodd yng Nghaergybi bu'n weithgar ym myd y delyn nid yn unig fel diddanwr ond hefyd fel hyfforddwr ac fel cystadleuydd llwyddiannus. Heblaw trosglwyddo'r grefft o drin y tannau i'w ferch, ef hefyd fu'n gyfrifol am feithrin y ddawn yn nwylo aelodau eraill o'r teulu. Derbyniodd ei neiaint Owen Jones, Telynor Seiriol, Robert Jones, Y Telynor Cymreig, a William Jones, Telynor Gwalia, hyfforddiant ganddo a'r syndod yw na fu i'w frawd John Jones, Telynor Môn, roi gwersi telyn i'r tri hyn o'i feibion er iddo hyfforddi nifer o delynorion eraill. Hyfforddwyd y mab John Henry gan ei dad, Telynor Cybi, hefyd ond nid oedd ef

Y Ring, Rhos-goch.

yn berfformiwr cyhoeddus fel y gweddill.

Fel cystadleuydd yn yr un cyfnod bu Telynor Cybi yn fuddugol yn Eisteddfod Llanfachraeth Môn, Mai 1855 ar gystadleuaeth y delyn deires. Rhoddwyd y wobr o delyn deires gan John Jones, *Darllawdy*, Llanfachraeth. Yn 1871 yn Eisteddfod Môn, Llannerch-y-medd gwelir ei enw fel un o bedwar telynor; yno hefyd roedd Telynores Cybi, a'i frawd John Jones, Telynor Môn, a Thomas Hughes, Telynor Alaw a hyfforddwyd gan Delynor Môn.

Fel y soniwyd eisoes, wedi symud i Ros-goch cadwai Telynor Cybi a'i wraig, Jane Jones, y dafarn a'r siop ac roedd yntau hefyd yn ffermio rhyw 12 acer o dir yno. Gwyddom i'w merch a'i gŵr ddod i redeg y gwesty yn Rhos-goch, *Y Ring*, fel y'i gelwid – llygriad pobl leol am *Yr Inn*. Yn y blynyddoedd o 1882 ymlaen diau y bu'r tad a'r ferch yn cyd-delynori yn yr ardal hon fel y buont yng Nghaergybi flynyddoedd ynghynt.

Aros yn Rhos-goch a wnaeth Owen Robert Jones, Telynor Cybi, a'i wraig am weddill eu hoes a gweld, yn ôl pob tybiaeth, o leiaf ddau o'u hwyrion a'u hwyres yn cydio yn y delyn. Hawdd yw dychmygu'r pleser a gawsai Telynor Cybi o fedru dylanwadu arnynt yn ogystal â bodloni ar weld dawn ei ferch yn cael ei hadlewyrchu ynddynt hwythau.

Bu farw Jane Jones, 23 Tachwedd 1901, a rhyw gwta bum mis yn ddiweddarach ar 11 Ebrill 1902 bu farw ei gŵr, Telynor Cybi. Claddwyd y ddau ym mynwent gyhoeddus Amlwch.

Heblaw Owen Robert Jones y telynor, yr oedd hefyd yn ŵr medrus a droesai ei law

members of the family in harp playing skills. His nephew, Owen Jones, Telynor Seiriol, Robert Jones, Y Telynor Cymreig, and William Jones, Telynor Gwalia, all received tuition from him. It is surprising that his brother, John Jones, Telynor Môn, did not teach his own three sons even though he taught a number of harpers. John Henry, a son of Telynor Cybi, was also taught by his father but he did not perform in public as did the other members of his family.

During this period, Telynor Cybi was successful in Eisteddfod Môn, Llanfachraeth, May 1855, in the triple harp competition. The prize was a triple harp given by John Jones, *Darllawdy*, Llanfachraeth. In 1871, he is named as one of the four harpers in Eisteddfod Môn, Llannerch-y-medd. Also named are Telynores Cybi, his brother John Jones, Telynor Môn, and Thomas Hughes, Telynor Alaw, who had been taught by Telynor Môn.

As already mentioned, after moving to Rhos-goch, Telynor Cybi and his wife kept the inn and shop there and he also farmed about 12 acres of land. It is known that his daughter and her husband later ran the inn. It was called *The Ring* by local people – a corruption of Yr Inn. Doubtless, from 1882 onwards, father and daughter were continuing to perform together as they had in Holyhead

Owen Robert Jones, Telynor Cybi, and his wife spent the remainder of their days in Rhos-goch and lived to see at least two grandsons and one grand-daughter playing the harp. One can imagine Telynor Cybi's pleasure in being able to influence them and the satisfaction of seeing his daughter's talent living on in her children.

Jane Jones died on 23rd November 1901 and within five months on 11th April 1902 her husband, Telynor Cybi, also died and both were laid to rest in the public cemetery in Amlwch.

Besides Owen Robert Jones, the harper, there was also the Owen Robert Jones, the entrepreneur, with his many different interests. We see him as a successful and pioneering businessman who could not have achieved what he did without determination and a spirit of adventure; both of these characteristics were inherited by his daughter. He was respected and admired and possessed a quiet disposition and yet had the gift and the ability to arouse devotion and encourage endeavour in others.

His obituary in *Y Clorianydd*, 24 April 1902, under the title 'The Famous Old Harper' reveals a great deal about him. As a harper he was described as having had the honour of playing the Welsh harp before several members of the Royal Family, and the reporter relates, that he could not be certain as to which of the Family gave him a Welsh harp as a token of the admiration of his mastery of the instrument. Throughout his time in Rhos-goch he served the local community well. He extended the hotel and outbuildings and purchased specialised machinery for weighing pigs and other farm animals. For such improvements the

at nifer o wahanol alwedigaethau. Yr oedd yn ŵr busnes llwyddiannus ac arloesol yn ei ddydd na fuasai wedi cyflawni yr hyn a wnaeth heb fod ynddo benderfyniad a menter o ran natur, y rhinweddau a ganfuwyd yn ei ferch yn ddiweddarach. Ond dangoswyd parch ac edmygedd tuag ato fel gŵr o bersonoliaeth dawel gyda'r ddawn a'r gallu i gymell ymroddiad ac ymdrech lwyr gan eraill.

Datgelir llawer amdano yn yr adroddiad a gyhoeddwyd ar ôl ei farwolaeth yn *Y Clorianydd*, 24 Ebrill 1902, o dan y pennawd 'Yr Hen Delynor Adnabyddus'. Fel telynor, disgrifir ef fel un a oedd

wedi cael anrhydedd o chwarae y delyn Gymreig i amryw o'r Teulu Brenhinol ac nid wyf yn sicr, pa rai ohonynt roddodd iddo delyn Gymreig fel arwydd o'u cymeradwyaeth iddo am ei fedrusrwydd gyda'r cyfryw offeryn . . . Yr oedd Mr. Jones ar hyd ei amser yn Rhos-goch wedi bod o ddefnydd mawr i'w ardal ac i'r cymydogaethau cylchynol. Yn gyntaf peth, ar ôl dod yno, helaethodd yr 'hotel' a'r 'buildings allan' a phrynodd bethau priodol at bwyso moch etc. Iddo ef y mae yr holl amaethwyr hynny sydd o fewn cyrraedd yn ddyledus am y gwelliant pwysig hwn. Yn wir, wn i ddim a fyddai'n ormod dweud mai efe fu yn foddion i agor llygaid y rhai sydd wedi anturio i'r un cyfeiriad y dyddiau hyn. O ran ei syniadau gwleidyddol, Ceidwadwr ydoedd ac yn dwyn mawr sêl dros ei blaid. Er mai distaw ydoedd yr oedd ganddo ei ffordd ei hun i wneud gwaith dros ei egwyddorion.

Er nad oes cymaint â hynny wedi'i gofnodi am ei berfformiadau ar y delyn mae un peth yn sicr, ei fod yn hyfforddwr trwyadl ac yn mynnu safon uchel gan ei ddisgyblion. Anodd yw dweud ai'r tad, y telynor Robert Jones, fu'n gyfrifol am hyfforddi'r ddau frawd, Telynor Cybi a Thelynor Môn. Diddorol hefyd fyddai cael gwybod a oedd rhai eraill o'r plant yn delynorion gan y gwyddom fod mab y trydydd brawd, Benjamin, sef Robert Jones, Eos Alaw (1862-1945) nid yn unig yn englynwr, yn ddatgeinydd ac yn bencampwr ar ganu penillion ond ei fod hefyd yn delynor. Pa fodd bynnag, mae'n amlwg i Delynor Cybi a Thelynor Môn dderbyn hyfforddiant gan un a oedd yn hyddysg yn y grefft o drin y tannau ac yn meddu ar ddawn a dealltwriaeth o draddodiad y delyn.

Canfuwyd dylanwad cryf Telynor Cybi fel hyfforddwr ar ei ferch a'i neiaint yn arbennig ac mae'n amlwg iddo fynnu'r gorau ganddynt. Nid oes ond rhaid edrych ar lwyddiant eisteddfodol ei ddisgyblion i weld natur y safon a ddisgwylid ganddynt. Yn bennaf felly rhaid cydnabod Telynor Cybi fel yr un a ddylanwadodd fwyaf ar *Delynorion* y *Britannia*, Llannerch-y-medd.

local farming community were greatly indebted to him. Indeed it would not be an exaggeration to say that he was instrumental in encouraging those who have since ventured in a similar direction. In political ideas he was Conservative and he was a zealous supporter of his party.

Despite having only sparse records of his performance on the harp, one thing is certain, he was a talented tutor and insisted upon the highest standards in his pupils. It is difficult to decide whether the father Robert Jones, the harper, was responsible for teaching the two brothers, Telynor Cybi and Telynor Môn. It would be interesting to know if any of the other children became harpers. A son of the third brother, Benjamin, Robert Jones, Eos Alaw (1862-1945) was not only an *englynwr*, and a champion *penillion* singer but was also a harper. It is obvious, however, that both Telynor Cybi and Telynor Môn, received harp tuition from a skilled and talented teacher who also possessed a profound understanding of the harp tradition.

Telynor Cybi greatly influenced his daughter and, in particular, his nephews of whom he demanded the best. One need only review the eisteddfodic successes of his pupils to realise his expectation of the highest standards. We conclude therefore that Telynor Cybi must be regarded as the leading influence on *Telynorion* y *Britannia*, Llannerch-y-medd.

Telynor Môn
John Jones 1833-1907

During his lifetime and long afterwards John Jones, Telynor Môn, was held in high regard in the locality. It was he who laid the foundation of harp playing and singing *penillion* in Llannerch-y-medd so that the village became famous and his home became known as the 'Home of the Harp'. Even today people speak of the *Britannia Inn* and its famous harpers. To the hearth of John Jones, Telynor Môn, in days gone by, came poets, story tellers, singers and musicians, great and small; here was the home of the *canu cylch*, of the North Wales' style of *penillion* singing and, of course, at the heart of all this cultural activity was the harp.

The local people came to the *Britannia* to enjoy evenings of amusement and entertainment, listening to the harps of Telynor Môn and his three sons, Telynor Seiriol, Y Telynor Cymreig and Telynor Gwalia. Occasionally they were joined by the harps of his brother, Telynor Cybi and his daughter, Telynores Cybi. Can one even contemplate a sweeter sound than that of such a choir of harps – a privilege perhaps not realised by all who listened to them.

John Jones was born in Amlwch in 1833 and was the third of four children born to Robert and Elizabeth Jones. We know that he was settled in Llannerch-y-medd before he was twenty one because at this age he married Margaret Hughes in St Mary's Church, Llannerch-y-medd on

Telynor Môn
John Jones 1833-1907

Gŵr a enynnai barch ei gyd-ddyn oedd John Jones, Telynor Môn, a pharhaodd y parch hwnnw am flynyddoedd wedi ei farwolaeth. Y telynor hwn gododd yr arfer o ganu'r delyn a chanu gyda'r tannau yn Llannerch-y-medd a daethpwyd i adnabod ei aelwyd fel 'Cartre'r Delyn'. Mae sôn hyd heddiw am yr aelwyd adnabyddus honno, *Tafarn y Britannia* ac am ei thelynorion enwog. Aelwyd John Jones, Telynor Môn, yn y dyddiau a fu, oedd cyrchfan beirdd, storïwyr, datgeiniaid a cherddorion mawr a mân; dyma aelwyd y canu cylch a dull y Gogledd o ganu penillion, a'r delyn hithau, wrth gwrs, yn ganolbwynt i'r holl weithgaredd diwylliannol hwn.

Yma, i'r *Britannia* y deuai gwerin gyffredin ffraeth y fro i fwynhau nosweithiau o ddifyrrwch ac adloniant pur yn seiniau telynau'r tad, Telynor Môn, a'i dri mab, Telynor Seiriol, Y Telynor Cymreig a Thelynor Gwalia. Ambell dro deuai ei frawd Telynor Cybi a'i ferch Telynores Cybi i gyd-delynori a phwy allai freuddwydio am glywed melysach sain na sain côr o delynau fel hyn – braint heb ei sylweddoli i'r llu a'i gwrandawsai.

John Jones oedd y trydydd o bedwar plentyn a aned i Robert ac Elizabeth Jones yn Amlwch yn 1833. Gwyddom iddo ymsefydlu yn Llannerch-y-medd erbyn cyrraedd ei benblwydd yn un ar hugain, oherwydd dyma oedd ei oedran yn priodi Margaret Hughes yn Eglwys y Santes Fair, Llannerch-y-medd, Ddydd Nadolig 1854. Yn dystion i'r briodas yr oedd ei dad, Robert Jones, a ddisgrifid ar y pryd yn wehydd a'i frawd Owen R. Jones,

Uchod: John Jones, Telynor Môn.
Above: John Jones, Telynor Môn.

Gyferbyn: *Tafarn y Britannia*, Llannerch-y-medd. Y gŵr â'r farf wen a'r het galed yn sefyll ar ail ris y grisiau yw'r perchennog a'r telynor enwog John Jones (Telynor Môn).
Gyferbyn ar y dde: Yr hen *Britannia* heddiw.
Opposite: *Britannia Inn*, Llannerch-y-medd. The man standing on the second step of the stairs sporting a long white beard and a bowler is the owner and the famous harper John Jones (Telynor Môn).
Opposite on the right: The old *Britannia* today.

a

b

John Jones, Telynor Môn.
Hunan bortread mewn olew.
John Jones, Telynor Môn.
Self portrait in oils.

John Williams (1811-90), Eos Môn, yn Eisteddfod Genedlaethol Lerpwl yn 1884 a Cheiriog (John Ceiriog Hughes) wrth y delyn . . . ynteu John Jones, Telynor Môn? Hawdd fyddai derbyn ar yr olwg gyntaf, oherwydd tebygrwydd wynepryd y ddau gymeriad a wisgai locsyn clust, mai Ceiriog yw'r gwrthrych. Ond o hir ystyried a chymharu'r portread olew â'r llun yn fanwl ni ellir ond dod i'r casgliad mai John Jones, Telynor Môn sydd wrth y delyn. Er mwyn cymhariaeth mae modd gweld llun o Ceiriog yn Llyfrgell Genedlaethol Cymru, Aberystwyth.

Eos Môn, John Williams (1811-90) of Llannerch-y-medd at the Liverpool National Eisteddfod in 1884. Who's the harper . . . John Ceiriog Hughes or Telynor Môn? At first sight one might easily accept that, because of the facial similarity of the two bearded characters, that the subect is Ceiriog. But after long reflection and comparison of the oil portrait and the photograph one must conclude that the person sitting by the harp is John Jones, Telynor Môn. In order to compare one may see a photograph of Ceiriog in the National Library of Wales, Aberystwyth.

Edward Jones, Eos Ebrill. Byddai'r canwr penillion adnabyddus hwn o Lanrwst, fel sawl un arall, yn galw heibio i'r *Britannia* bob hyn a hyn.

Edward Jones, Eos Ebrill. This well-known traditional *penillion* singer from Llanrwst, one of the many singers and harpers, who would pay the *Britannia* a visit from time to time.

Telynor Cybi, a oedd bedair blynedd yn hŷn nag ef. Yn ddiddorol, ar y dystysgrif, gwelir bod y ddau frawd yn bobyddion ond yn fuan wedyn daeth y ddau ohonynt yn berchen ar eu tafarndai eu hunain, y naill yng Nghaergybi, a'r llall yn Llannerch-y-medd. Wedi'r briodas, hyd y gwyddom, yn y Llan y bu John Jones wedyn weddill ei oes a ganed wyth o blant iddo ef a'i briod; pedair merch a phedwar mab.

Heblaw eu henwogrwydd fel telynorion roedd y ddau frawd, Owen Jones a John Jones, yn wŷr amryddawn, yn medru trafod gwahanol orchwylion. Cyfeiriwyd fwy nag unwaith at John Jones, y morwr, ac yn sicr bu'n berchen ar gwch hwylio bychan, *Ketch*, a angorwyd ym Mhorth Amlwch. Byddai wrth ei fodd yn arogli'r heli, yn pysgota am benwaig ac yn hwylio yn ôl ac ymlaen i Ynys Manaw. Ond mae tystiolaeth hefyd amdano fel deifiwr profiadol yn gweithio ar y fenter fawr o godi'r morglawdd anferth yng Nghaergybi, menter a gychwynnwyd oddeutu 1848. Yna, cyfeirir ato fel peintiwr (*painter and decorator*), ond gwyddys hefyd ei fod yn beintiwr celfydd a greodd luniau artistig gyda'i frws ac mae peth o'r cynnyrch hwnnw ar gael i ni ei weld heddiw – portreadau yw'r gweithiau hyn.

Heb os, fel telynor dawnus ac fel tad tri thelynor adnabyddus y cofir am Delynor Môn. Roedd ei aelwyd yn *Nhafarn y Britannia* yn ganolfan bwysig i ddiwylliant hynod, diwylliant Cymreig ar ei orau. Dyma a anfarwolwyd gan Delynorion Llannerch-y-medd neu fel y daethpwyd i gyfeirio atynt, *Telynorion Y Britannia*, a'r rhain ddaeth â bri i'w treflan ar

Christmas Day 1854.

Robert Jones, his father, a witness to the wedding, was described as a weaver. His brother, Owen R. Jones, Telynor Cybi, who was four years older than he was also a witness. It is interesting that on the marriage certificate the two brothers were bakers but soon they were each owners of their own taverns, one in Holyhead and the other in Llannerch-y-medd. After the wedding, as far as we know, John Jones spent the rest of his life in the Llan; eight children were born to him and his wife: four sons and four daughters.

In addition to their fame as harpers, the two brothers Owen and John Jones, were talented young men and possessed many skills. More than once John Jones is referred to as a sailor and it is certain that he owned a small sailing vessel, a ketch, which he anchored in Amlwch Port. He enjoyed sailing between Anglesey and the Isle of Man, enjoying the smell of the sea as he fished the herring shoals. There is evidence that he was an experienced diver and that in 1848 he worked on the construction of the breakwater in Holyhead. Again he is mentioned as a painter and decorator and it is also known that he was an artist. Some of his pictures – portraits – have survived to this day.

But it is as a gifted harper and the father of three well known harpers that we honour him. His home, the *Britannia Inn*, was acknowledged as an important centre of culture – Welsh culture at its best. Here, immortalised as *Telynorion Llannerch-y-medd*, or as they are sometimes referred to, *Telynorion*

Y *Britannia*, they brought fame and honour to that small town through their performances at eisteddfodau and concerts throughout Wales and beyond.

Telynor Môn was the source of this fame. As the genial owner of the *Britannia* he created in the tavern on the square of Llannerch-y-medd such a welcome that attracted many across its threshold. The chief attraction was the sound of the harp and the enjoyment of hearing the *penillion* singing which came from the 'parlwr bach'. Here was the source of the *Britannia's* fame – not its beer, which, apparently, was quite weak! Many famous performers came to the *Britannia Inn, penillion* singers such as Eos Môn, Ehedydd Môn, Ap Ehedydd, Cuhelyn Môn, and Telynor Môn's nephew, Eos Alaw, who was also a harper. Occasionally, nationally honoured performers like Idris Fychan and Eos Ebrill called.

In its golden age, we can only imagine the pleasure and enjoyment experienced in the *Britannia* in such company.

Telynor Môn ensured that from an early age his sons mastered the art of accompanying *penillion* singing and the *canu cylch* contests which took place in the *Britannia*. They became familiar with *penillion* airs and came to understand the intricacies of the art of setting free and strict poetry and of making the correct entry for the singers. They learnt to set the air according to the various poetic measures – *englynion, hir-a-thoddeidiau, cywyddau*, etc. As expert accompanists

PENILLION

Yn gyntaf cawn ddisgrifiad o draethawd Angharad Llwyd am y gystadleuaeth a fu yn Eisteddfod Genedlaethol Biwmares 1832:

First we have Angharad Llwyd's essay describing the competition in the National Eisteddfod at Beaumaris in 1832:

Twelve persons mounted the stage and the individual who had gained the silver harp in the morning was appointed to play on this occasion ...The contest was commenced by the harper striking up the sweet air of Serch Hudol . . . This tune went round and every one of the candidates performed his part so well that the judges found it impossible to decide in favour of any one in particular. They were tried by another air but with the same success, and a third was called for . . . and (this) reduced the competition to four. Here again commenced a second and more severe contest. Every one executed his part so well, as to draw from the judges the gratifying declaration that they never heard singing with the harp better performed.

Yna trown at gampwaith Robert Griffith yn *Llyfr Cerdd Dannau*, lle dywedir am y telynor:

Then we turn to the masterpiece of Robert Griffiths, *Llyfr Cerdd Dannau,* where it is said of the harper:

Mae'n bwysig cael telynor wedi hir ymarfer â chwarae i ddatganu ac yn deall canu gyda'r tannau lawn cystal â'r datgeiniad eu hunain. Am ddawn datgeiniad ceir y gosodiad canlynol:

Mae eisiau mwy o allu a medrusrwydd gyda chanu gyda'r tannau nag y mae llawer yn ei feddwl . . . rhaid i'r datgeiniad anturio i'r llwyfan . . . heb wybod yn y byd ar ba alaw y bydd raid iddynt ganu arni, na chwaith y fath benillion a fydd yn eisiau. Mae'r telynor yn chwarae'r alaw unwaith drosodd ac yn yr amser hwnnw rhaid i'r canwr yn y lle cyntaf adnabod yr alaw, yna rhaid iddo fesur ei hyd, ac wedi hynny feddwl am benillion arni ac yna meddwl am y lle priodol ar yr alaw i ddechrau canu y penillion hynny. Felly, y mae gan y datgeiniaid bedwar o wahanol bethau i feddwl amdanynt mewn rhyw dri neu bedwar munud. Ac yn bur siwr y mae canu penillion o dan amgylchiadau felly yn un o'r pethau mwyaf anhawdd y gellir meddwl amdanynt . . . ac ar wahân i'r gorchest gamp a berthyn iddo, y mae hefyd yn un o arferion hynaf yr eisteddfod.

It is important to have a harper who has a long experience in accompanying singers and who has mastered the art of penillion singing to the same extent as the singers themselves. And of the 'penillion' singers:

More skill and ability is needed in penillion singing that many would suspect . . . the singers must venture on to the stage . . . without knowing at all to which air they will be singing, or the kind of verses which will be called for. The harper plays the air once through and during that time the singer, in the first place, has to recognise the air then he has to measure its length and afterwards decide on verses and when to begin in the correct part of the air according to the measures of the verse. Thus, the singer has to think of four different things in the space of three or four minutes. It is certainly one of the most difficult things one could think of – to sing penillion under such conditions – and apart from demanding such a feat it is also one of the oldest customs of the eisteddfod.

Mae Robert Griffith yn diweddu drwy wneud datganiad digon ysgubol yn ei oes ei hun, ond o'i gyfeirio at y cyfnod presennol mae ei arwyddocâd yn fwy trawiadol fyth ac yn haeddu sylw.

Robert Griffiths ends with a quite sweeping statement even for his own day and if it is applied to the present day its significance is even more remarkable and deserves attention.

Gwaith anhawdd ydyw rhoddi gwisg ddiweddaraf cerddoriaeth am ganu gyda'r tannau ac i hynny beidio tynnu oddi wrth ei nodwedd gwerinaidd a gwneud i'w hynafiaeth ymddangos fel peth diweddar.

It is difficult to clothe penillion singing in the current musical idiom without distancing it from its folk roots and transforming its antiquity into something contemporary.

Yr oedd rheolau pendant yn ymwneud â'r cystadlu a gellir darllen yn fanylach amdanynt yn *Llyfr Cerdd Dannau* unwaith yn rhagor o dan y pennawd 'Rheolau'r Cylch'.

There were strict rules governing competing and these can be read in more detail in *Llyfr Cerdd Dannau* in the chapter 'Rheolau'r Cylch'.

Torrwyd y rheol wrth i ddatgeiniaid beidio â chadw at yr un mesurau ymhob rownd neu fethu dilyn gyda'r un hyd o benillion . . . neu ganu yr un pennill ddwy waith neu ganu pennill a fo wedi'i ganu gan eraill o gantorion y cylch . . .

The rules were broken when a singer did not follow the same metre in each 'round' or failed to follow with the same length of verse . . . or sang the same verse twice or sang a verse sung by another of the singers in the *cylch* or circle.

Uchod: Gwydrau gwin a ddaeth o'r *Britannia*.
Above: Wine glasses from the *Britannia*.

Jwg lefrith a dderbyniodd John Jones, Telynor Môn i goffáu agor Morglawdd Caergybi yn 1873.
A commemorative jug that John Jones, Telynor Môn, received upon the opening of the Breakwater at Holyhead in 1873.

lwyfannau eisteddfodau a chyngherddau ledled Cymru a thu hwnt.

Y gŵr hwn, Telynor Môn, roddodd fod i'r enwogrwydd hwnnw. Fel perchennog hynaws y *Britannia* creodd awyrgylch croesawgar yn y dafarn ar sgwâr y Llan a ddenai gymaint yno dros ei throthwy. Y prif atyniad oedd sain y delyn a hwyl yr ymrysonau canu penillion a ddeuai o gyfeiriad y parlwr bach. Nid oedd y *Britannia* yn enwog felly am ei chwrw; yn wir, digon gwan oedd hwnnw yn ôl pob sôn! Deuai datgeiniaid adnabyddus iawn heibio'r *Britannia*, yn eu mysg enwogion fel Eos Môn, Ehedydd Môn, Ap Eos Môn, Ap Ehedydd, Cuhelyn Môn, a nai Telynor Môn, Eos Alaw a oedd hefyd yn delynor. O bryd i'w gilydd gwelwyd datgeiniaid mawr y genedl yn galw heibio, rhai fel Idris Fychan ac Eos Ebrill.

Yn ei hoes aur, gallem ddychmygu'r fath hwyl a miri a fyddai yn *Nhafarn* y *Britannia* mewn cwmnïaeth fel hyn ac yn nwylo'r telynorion byddai:

Pob llinyn tyn yn tanio
Eneidiau rhai yn eu tro
Yno caed o dannau cerdd
Gyngan o rythmig angerdd

Trwythodd Telynor Môn ei feibion yn ifanc iawn yn y dasg o gyfeilio i ganu penillion ac ymrysonau'r canu cylch fel a ddigwyddai yn y *Britannia* a buan y daethant i feistroli'r grefft. Cawsant y cyfle i ymgyfarwyddo â'r alawon gosod a daethant i adnabod gofynion y grefft o osod barddoniaeth rydd a barddoniaeth gaeth a chynefino â'r union fannau lle dylai'r datgeiniaid daro i mewn yn gywir i'r alaw yn ôl y gwahanol fesurau, yn englynion, hir-a-thoddeidiau, cywyddau ac yn y blaen. Fel cyfeilyddion medrus

they knew how to cover wrong entries by skipping a beat or so of the air. It is a pity that this is missing in our day. Nowadays, one seldom hears, at our national festivals, the Welsh airs which were at the fingertips of these talented harpers and which are a unique part of our priceless heritage. The *penillion* singers too would have been familiar with the whole range of airs used to set *penillion*. Thus with a confident assurance, they were able to practice their art before appreciative audiences.

In order to understand the true nature of the traditional art of *penillion* singing with which *Telynorion Llannerch-y-medd* were so familiar, an art which unfortunately has not been passed down to the present generation of *penillion* singers, one must read the quotations opposite (p 38). We soon realise the skill and intelligence of the singers in the art of *canu cylch* and the ability of the harpers who accompanied them.

This rich inheritance was reflected in the *noson lawen*, the evenings of entertainment spent in the company of *penillion* singers and harpers in the *Britannia Inn*. This was valuable for the sons of Telynor Môn, who made certain that they profited from such experience. This, together with the harp tutoring received from their uncle, Telynor Cybi, ensured that the whole family was able to meet the varied demands made on the harpers of the period. Telynores Cybi, daughter of Telynor Cybi, came under the same influences. We may imagine the pleasure they had from playing in each other's company.

It became easier for the two families to meet together when Telynor Cybi and his family moved to Rhos-goch which is close to Llannerch-y-medd.

Telynor Môn is mentioned in connection with the Great Eisteddfod at Llangollen in 1858.

He was present in an eisteddfod in Llannerch-y-medd in August, 1871. According to the *North Wales Chronicle* this was a remarkable eisteddfod, because of the number of famous names connected with it, including the four harpers who were present – Telynor Cybi, Telynor Môn, Telynor Alaw and Telynores Cybi.

Telynor Alaw, who was taught by Telynor Môn, was from Llannerch-y-medd, and was the father of Annie Hughes, Telynores Menai, who gave of her services as harper at many eisteddfodau. Here we may assume the influence of the teaching of Telynor Môn bearing fruit in her playing.

With many eisteddfodau being held in Llannerch-y-medd it is impossible to imagine Telynor Môn not being involved in them and especially so in the eisteddfod held in 1869. This was the first 'National' eisteddfod of importance between 1869 and 1880. We know that the air set for the triple harp competition was 'Moel yr Wyddfa' and it is interesting to note that there is a Llannerch-y-medd version of this air. Nansi Richards believed that this version was specifically for the triple harp. It is unique in that it is one of the few examples where it is possible to

gwyddent sut i guddio beiau y sawl a fethodd daro i mewn yn gywir drwy neidio curiad neu ddau yn yr alaw. Gresyn na cheir mo hynny heddiw. Bellach prin iawn, iawn y defnyddir unrhyw un o'n halawon traddodiadol ar lwyfannau ein gwyliau cenedlaethol, alawon a fu am genedlaethau ar flaenau bysedd telynorion breintiedig ac yn rhan annatod o'n hetifeddiaeth gyfoethog. O ran y datgeiniaid, byddent hwythau hefyd yn gyfarwydd â'r holl alawon gosod. Gyda chyfanrwydd yr hanfodion hyn yn sicr ganddynt llwyddasant i arfer y grefft yn hyderus o flaen eu cynulleidfa.

Er mwyn deall holl ofynion a gwir natur y dull traddodiadol o ganu gyda'r tannau yr oedd Telynorion Llannerch-y-medd mor gyfarwydd â hi (a chrefft nas trosglwyddwyd i do ifanc cerdd-dantwyr ein cenedl heddiw, gwaetha'r modd) rhaid darllen y dyfyniadau ar dudalen 38. Canfyddwn pa mor fedrus a deallus yr oedd datgeiniaid y canu arbennig hwnnw, y canu cylch, a medr amlwg y telynorion a gyfeiliai iddynt.

Adlewyrchwyd yr etifeddiaeth gyfoethog hon yn y nosweithiau a dreuliwyd yng nghwmni datgeiniaid a thelynorion y Llan yn *Nhafarn y Britannia*. Ysgol brofiad wych oedd hon i feibion Telynor Môn, ac ef ei hun fu'n gyfrifol am sicrhau'r profiad hwn iddynt.

Unwn hyn gyda'r hyfforddiant arbennig a gawsant gan eu hewythr Telynor Cybi i drin y tannau, heb anghofio i'w ferch yntau, Telynores Cybi, ddod o dan yr un dylanwad, a sylweddolwn fod y teulu cyfan yn abl iawn i ymgymryd â holl ofynion telynori. Gallem ddychmygu'r pleser a gawsant yng nghwmni ei gilydd

Uchod: Augusta Hall, Arglwyddes Llanofer,
Gwenynen Gwent (1802-1896).
Above: Augusta Hall, Lady Llanofer, Gwenynen
Gwent (1802-1896).

yn cyd-delynori a hawdd iawn oedd i'r
ddau deulu ddod ynghyd ar ôl i Delynor
Cybi a'i deulu symud i fyw i Ros-goch gan
nad oedd fawr o bellter rhwng y Llan a'r
pentref hwnnw.

Ar lwyfan eisteddfodol cysylltir enw
Telynor Môn gydag Eisteddfod Fawr
Llangollen 1858 gan aelodau'r teulu.

Yn yr eisteddfod ryfeddol hon cynhaliwyd
cyfarfodydd amrywiol yn y Babell i
areithio ar destunau gwladgarol, dyfynnu
o'r cyfansoddiadau buddugol, canu a
hefyd i ganu'r delyn.

Yn ei gynefin ei hun cofnodir ei fod yn
bresennol yn yr eisteddfod a gynhaliwyd
fis Awst, 1871 yn Llannerch-y-medd,
eisteddfod a ddisgrifir yn y *North Wales
Chronicle* fel:

**eisteddfod uwchraddol sydd o ddiddordeb
oherwydd yr enwau adnabyddus oedd yn
gysylltiedig â hi . . . yr oedd yno bedwar
telynor, Owain Môn – Telynor Cybi, Telynor
Môn, Telynor Alaw a Thelynores Cybi**

Un a hanai o Lannerch-y-medd oedd
Thomas Hughes, Telynor Alaw, a
hyfforddwyd ef gan Delynor Môn.
Ef oedd tad Annie Hughes, Telynores
Menai, a wasanaethodd mewn nifer o
eisteddfodau a gellir tybio bod dylanwad
Telynor Môn wedi treiddio i'w chyrraedd
hithau a dwyn ffrwyth.

Â chynifer o eisteddfodau yn cael eu
cynnal yn Llannerch-y-medd ni ellir
dychmygu nad oedd a wnelo Telynor
Môn ag amryw ohonynt, yn enwedig yr
eisteddfod a gynhaliwyd yn 1869. Hon
oedd yr eisteddfod 'Genedlaethol' gyntaf
o bwys a gafwyd rhwng 1869 ac 1880.
Fodd bynnag, gwyddom mai'r alaw a
osodwyd yn yr eisteddfod hon oedd 'Moel

'double' throughout the whole air, i.e.,
to play each note consecutively on
each of the two outer sets of strings on
the triple harp. There are Llannerch-y-
medd versions of other airs such as
'Llwyn Onn', 'Y Wenynen', 'Serch
Hudol', 'Llanofer' to name but a few.

Many Chair Eisteddfodau were held
in Llannerch-y-medd after 1871 and
Telynorion Llannerch-y-medd were
associated with them throughout the
years. They gave their services to
Eisteddfod Môn wherever it was held
on the island.

In another part of this book there are
references to the relationship between
Telynorion Llannerch-y-medd and *Llys
Llanofer* and Lady Llanofer, Augusta
Hall or Gwenynen Gwent (The Gwent
Bee) as she became known. This
connection continued through her
daughter, Mrs Augusta Charlotte
Elizabeth Herbert, Gwenynen Gwent
yr Ail (the Second Gwent Bee).
To this day, the untiring efforts of
Lady Llanofer and her daughter to
promote the Welsh triple harp are
greatly admired and we could well do
with such champions today.

Lady Llanofer and her circle of friends,
which included the Reverend Thomas
Price (Carnhuanawc), who was one of
the most zealous, were determined to
promote the Welsh harp in every way
possible. Were it not for their efforts
the use of our national instrument
would be even rarer than it is today.
Lady Llanofer and her circle sponsored
many eisteddfodau, including Arwest
Glan Geirionnydd, and presented
harps as prizes in the triple harp

competitions. She also offered residential scholarships for young Welsh harpers at *Llys Llanofer* where they could learn the art with Thomas Gruffydd, the blind harper, as their tutor. He was one of the official harpers at Llanofer. He was succeeded in this post by his daughter, Mrs Susan Barrington Gruffydd Richards, Pencerddes y De.

A supply of triple harps was also secured by offering to craftsmen a purpose-built workshop on the Llanofer estate in which to build harps. Through her influence and enthusiasm Lady Llanofer persuaded well-to-do families to contribute towards this enterprise. It is believed that between 35-40 triple harps were produced there. Amongst the names of the harp makers were Bassett Jones of Cardiff, Abraham Jeremiah, Thomas Jones of Abergavenny and Pedr James, who was also taught at Llanofer to play the instrument.

In 1899, Lady Llanofer sent out a questionnaire to all parts of Wales to collect information on the number of harpers who could play the triple harp and she also asked if they could speak Welsh. Preserving the Welsh language was another of the efforts with which the group was involved. The harpers of Llannerch-y-medd were famous throughout Wales and it was to Telynor Môn that David Watts sent the questionnaire in the name of the Honourable Mrs. Herbert, the second Gwenynen Gwent. It is evident from the questionnaire that they were known to her and the hand-written

yr Wyddfa' ac mae'n ddiddorol nodi yn y cyswllt hwn fod 'Moel yr Wyddfa' yn un o'r alawon hynny lle ceir fersiwn Llannerch-y-medd ohoni. Credai Nansi Richards mai fersiwn ar gyfer y deires yn benodol oedd hon. Mae'n alaw hynod hefyd gan ei bod yn un o'r enghreifftiau prin hynny lle mae'n bosibl dyblu'r ddwy res ar y deires, dant am dant, drwyddi'n gyfan. Cafwyd fersiynau Llannerch-y-medd o alawon eraill: 'Llwyn Onn', 'Y Wenynen', 'Serch Hudol', 'Llanofer' i enwi ond ychydig.

Ar ôl 1871 bu Eisteddfod Gadeiriol Môn lawer gwaith wedyn yn y Llan a chysylltwyd enwau Telynorion y Llan gyda hwynt ac ar hyd y blynyddoedd wedyn rhoesant eu gwasanaeth i'r Eisteddfod honno mewn nifer o leoedd eraill yn yr ynys.

Mewn rhan arall o'r llyfr hwn cyfeirir at gysylltiad Telynorion Llannerch-y-medd gyda *Llys Llanofer* ac Argwlyddes Llanofer, Augusta Hall neu Gwenynen Gwent fel y daethpwyd i'w hadnabod. Parhaodd y cysylltiad gyda'i merch, yr Anrhydeddus Mrs Augusta Charlotte Elizabeth Herbert, Gwenynen Gwent yr Ail. Mae ymdrechion gwiw Arglwyddes Llanofer a'i merch i ddyrchafu'r delyn deires Gymreig yn dal i ddwyn edmygedd yn ein dyddiau ni a hawdd y gallem wneud hefo'u tebyg yr oes hon.

Ymlafniodd Arglwyddes Llanofer ynghyd â'i chylch o gyfeillion, gan gynnwys un o'r selocaf yn eu plith, Y Parchedig Thomas Price (Carnhuanawc), i ddyrchafu'r Delyn Gymreig ymhob ffordd bosibl. Oni bai am eu hymdrechion, prinnach fyth fyddai'r defnydd wedi bod o'n hofferyn cenedlaethol. Mewn penodau

Plas Llanofer.
Meca i ddiogelu a dyrchafu'r delyn deires Gymreig ac agweddau ar gyfoeth diwylliant ein gwlad.
Plas Llanofer.
A Mecca to safeguard and elevate the Welsh triple harp and other aspects of the wealth of our country's culture.

Lanover House,
Near Abergavenny.

letter, which was sent in reply by John Jones, Telynor Môn, is an important and revealing document.

As one looks at the harper's letter with its strong and confident hand one can sense he too had the same character. His Welsh flowed, it was literate and correct and is evidence of the thorough education he must have received in the environs of Amlwch. Unfortunately there is no example of the handwriting of his brother, Telynor Cybi, with which it can be compared but we may be sure that he too received a comparable education.

As mentioned elsewhere, Telynor Môn was greatly revered in Llannerch-y-medd as a person to whom one could turn in time of need or adversity. He did a great deal to support local charities by raising money through concerts for which he called upon the harpers in the family to assist. The old harper knew that he could depend upon their talents. It is likely that *penillion* singers too would participate and Eos Alaw, Telynor Môn's nephew, would likely perform with his cousins. He was the son of Benjamin, brother to Telynor Môn and Telynor Cybi. Since Robert Jones, Eos Alaw, lived in Llannerch-y-medd we assume that his uncle, Telynor Môn, taught him to play the harp.

In June 1887, at the time of the celebrations for Queen Victoria's Jubilee, an event which was not to the liking of the reporter of *Y Genedl Gymreig* was described in that journal. Having attended the Baptist *cymanfa ganu* in Llannerch-y-medd he was

Llythyr Telynor Môn, John Jones, mewn atebiad i holiadur D. Watts, Llanofer, ar ran Gwenynen Gwent yr Ail parthed y delyn deires Gymreig.

The letter sent by Telynor Môn, John Jones to D. Watts, Llanofer, in answer to his questionnaire, regarding the Welsh triple harp.

Llanerchymedd, Awst 29ain, 99.

D. Watts, Esq.,
Llanover.

Syr,   Mewn attebiad i'r eiddoch am y 23ain cyf. dymunaf eich hysbysu mae gwir yr hanes a glywsoch am danom fel teulu a'n gallu i chwareu y delyn deir-rês, ac hefyd i siarad Cymraeg.

Ar eich cais, rhoddaf yma ein henwau a'n cyfeiriadau ynghyd a'r cysylltiad perthynasol rhyngom a'n gilydd:

      John Jones (Telynor Môn) Tad Llanerchymedd
      Owen Jones Mâb (Telynor Seiriol) i'r Llanerchymedd Uchod
      Robert Jones (Telynor Cymreig) Mâb arall Llanerchymedd
      William Jones (Telynor Gwalia) Mâb arall Llanerchymedd
      Mr. Owen Jones (Owain Môn) Brawd i Rhosgoch Telynor Môn
      Mrs. Rowlands (Telynores Cybi) Merch i Rhosgoch Owain Môn

Y mae yr oll o'r uchod yn chwareuwyr penigamp ar y delyn deir-rês.

Bu fy meibion (y Tri) yn Abertawe oddeutu 12 mlwydd yn ôl yn cystadlu am wobrwyon (am chwareu y delyn deir-res) rhoddedig gan Arglwyddes Llanover a buont oll yn llwyddianus a'r un modd hefyd yn Eisteddfod Genedlaethol Caerwys ychydig wedi hynny:

Bu telynor Seiriol hefyd yn chwareu o flaen Ei Uchelder Brenhinol Tywysog Cymru yn Eisteddfod Genedlaethol Carnarvon –

Ac y mae genym oll lu o wobrwyon yn tystiolaethu am ein llwyddiant gyda'r delyn deir-res. Nid wyf yn gwybod am nêb yn nês yma na Llangollen yn gallu ei chwareu

Y mae yno un o'r enw Robert Jones ac un arall adnabyddus imi yn Corwen or enw Woods

Llu mawr hefyd adnabyddwn yn y De megis Roberts Newtown &c ond nis gwyddom eu cyfeiriadau

Gan obeithio y gwneiff yr ychydig hysbysiad hwn brofi y peth sydd anghenrheidd-iol genych

    Ydwyf Syr,
    Yr Eiddoch yn wir,
    Telynor Môn.

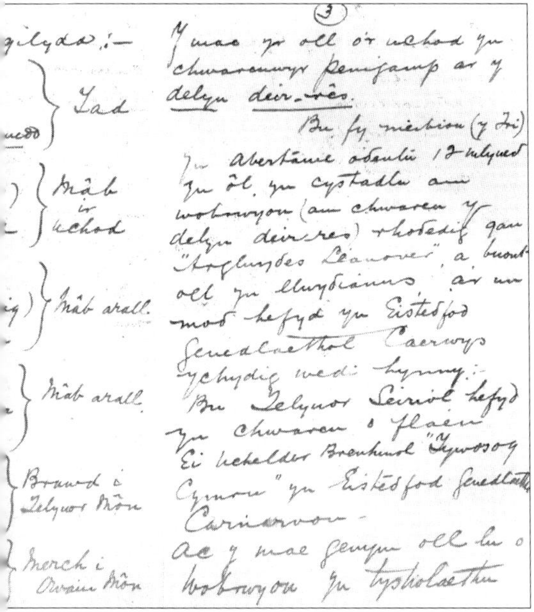

[Handwritten letter in Welsh — pages numbered (3) and (4)]

Llanerchymedd, August 29th, 99.

D. Watts, Esq.,
Llanofer.

Sir,

In answer to your letter for the 23rd I wish to inform you that it is true what you heard about us as a family and our ability to play the Triple harp and speak Welsh.

Upon your request I list here our names and addresses and our relationship to one another.

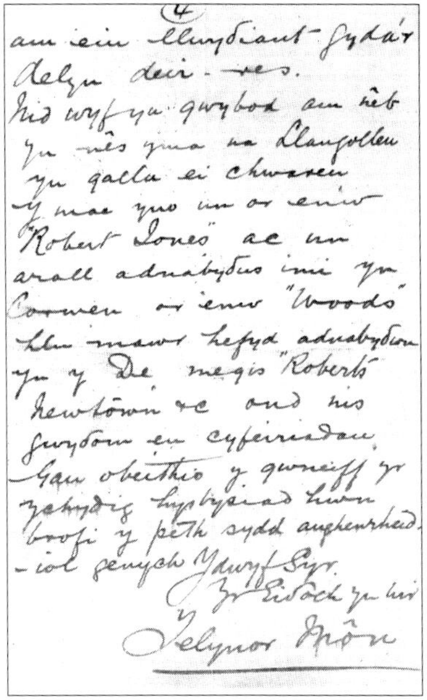

John Jones (Telynor Môn) – Father Llanerchymedd
Owen Jones (Telynor Seiriol) – Son of the above Llanerchymedd
Robert Jones (Telynor Cymreig) – Another son Llanerchymedd
William Jones (Telynor Gwalia) – Another son Llanerchymedd
Mr Owen Jones (Owain Môn) – Brother to Telynor Môn Rhosgoch
Mrs Rowlands (Telynores Cybi) – Daughter to Owain Môn Rhosgoch

All of the above are excellent players upon the triple harp.

My three sons competed at Swansea some 12 years ago for prizes (for playing the triple harp) given by Lady Llanover and all were successful as they also were at the Caerwys National Eisteddfod some time later.

Telynor Seiriol also played for the Prince of Wales at the Carnarvon National Eisteddfod – and we all have many prizes to testify to our success upon the triple harp.

I do not know of anyone between here and Llangollen who is able to play this harp. There is one called Robert Jones and another known to me in Corwen by the name of Woods. I am familiar with a number in the South such as Roberts Newtown &c, but I do not know their addresses.

Hoping that this information will suffice.

I am Sir
Yours truly,
Telynor Môn

eraill ceir sôn am y cylch hwn o gyfeillion dan arweiniad Arglwyddes Llanofer a'i merch yn noddi eisteddfodau lawer ynghyd ag Arwest Glan Geirionnydd ac yn cynnig telynau yn wobrwyon i gystadlaethau ar y delyn deires. Cynigiodd Arglwyddes Llanofer le preswyl i delynorion teires ifainc yn ei Llys er mwyn dysgu'r grefft dan hyfforddiant y telynor dall, Thomas Griffith, un o delynorion swyddogol Llanofer a dilynwyd ef yn y swydd o hyfforddi gan ei ferch, Mrs Susan Barrington Griffith Richards, Pencerddes y De.

Sicrhawyd darpariaeth o delynau teires hefyd drwy gynnig gwaith i grefftwyr mewn gweithdy a godwyd yn bwrpasol ar stâd Llanofer i lunio telynau. Perswadiodd Arglwyddes Llanofer deuluoedd cefnog i gyfrannu tuag at y fenter hon – gymaint oedd ei dylanwad a'i brwdfrydedd. Credir i tua 35-40 telyn deires gael eu cynhyrchu yno. Rhai o'r enwau ymlith y gwneuthurwyr oedd Bassett Jones, Caerdydd, Abraham Jeremiah, Pedr James, a oedd ei hun yn un a hyfforddwyd i ganu'r offeryn yn *Llys Llanofer*, a Thomas Jones, Y Fenni.

Yn 1899 anfonwyd holiadur o *Lys Llanofer* i wahanol rannau o Gymru er mwyn ceisio gwybodaeth am nifer y rhai oedd yn canu'r delyn deires a hefyd yn holi ynglŷn â gallu'r telynorion i siarad Cymraeg gan fod diogelu'r iaith yn rhan o'r un ymdrech gan y cylch hwn. Roedd Telynorion Llannerch-y-medd yn adnabyddus yng Nghymru ac at Delynor Môn yr anfonwyd yr holiadur gan David Watts yn enw'r Anrhydeddus Mrs Herbert, Gwenynen Gwent yr Ail. Mae'n

John Roberts, Telynor Cymru (1816-94). Telynor enwog o waed Cymreig a Sipsïaidd teulu'r hen Abram Wood. Cadwodd ef a'i feibion y delyn Gymreig a'r hen alawon yn fyw yng Nghanolbarth a Gogledd Cymru am flynyddoedd lawer. Cyfeiriai John Jones, Telynor Môn ato fel 'Roberts Newtown & c', yn ei lythyr at D. Watts, *Plas Llanofer*.

John Roberts, Telynor Cymru (1816-94). The famous Welsh gypsy harpist and his sons kept the Welsh triple harp and the old Welsh airs alive in Mid and North Wales for a number of years. In his letter addressed to D. Watts, *Llanofer Hall,* John Jones, Telynor Môn refers to him as 'Roberts Newtown & c'.

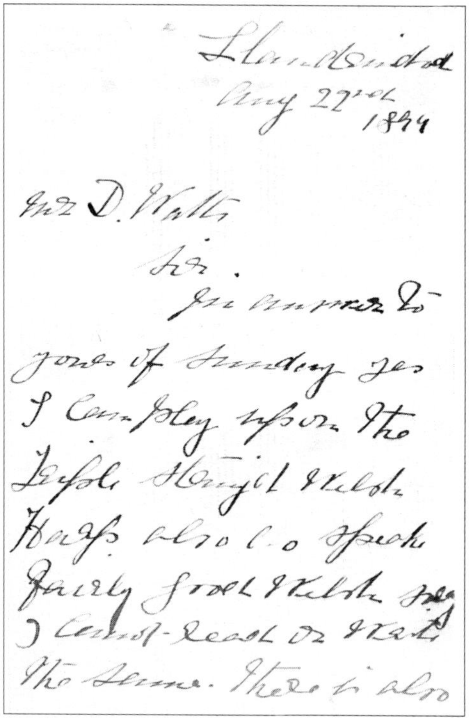

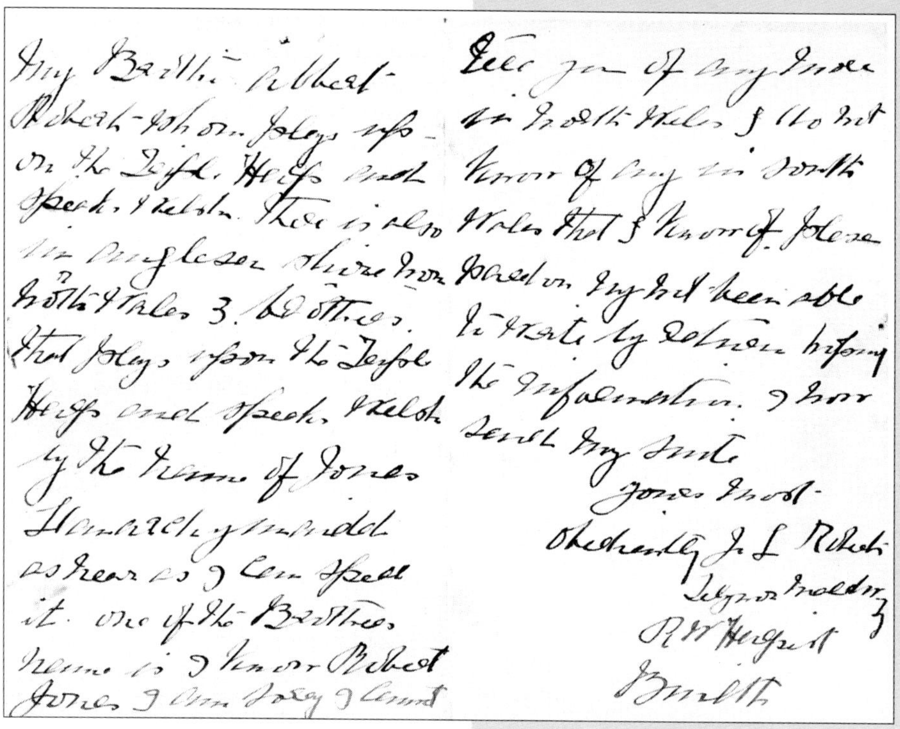

Llythyr J. L. Roberts, un o feibion John Roberts, Telynor Cymru, mewn atebiad i holiadur D. Watts, Llanofer. Ynddo cyfeiriai at 'Delynorion y *Britannia*', Llannerch-y-medd.

A letter sent by J. L. Roberts, one of John Roberts' (Telynor Cymru), sons in answer to D. Watts' questionnaire. In it he refers to the 'Harpers of the *Britannia Inn*', Llannerch-y-medd.

Llandrindod
Aug 22nd 1899

Mr. D. Watts
Sir,
In answer to yours of Sunday yes I can play upon the Triple stringed Welsh Harp also speak fairly good Welsh only I cannot read or write the same. There is also my brother Albert Roberts – whom Joleys [sic] up on the Triple Harp and speaks Welsh. There is also in Anglesea shire Môn North Wales 3 brothers that Joleys upon the Triple Harp and speaks Welsh by the name of Jones Llanarchymardd as near as I can spell it. One of the brothers name is I know Robert Jones I am sorry I cannot tell you of anymore in North Wales I don't know of any in South Wales that I know of please pardon my not been [sic] able to write by return hoping the information I ....

Yours most
obediently J. L. Roberts
Telynor Maldwyn
R W Harpist
Builth.

returning to Rhos-y-bol when he heard the sound of music and dancing coming from the grounds of a large house near the road. There, to his great surprise, was a crowd of church people enjoying a picnic and indulging in such activities as 'Kissing Ring' to harp accompaniment. Who was the harper on this occasion? We can guess!

Its position on the square in Llannerch-y-medd ensured that the *Britannia Inn* was an obvious place to visit and it is not difficult to imagine what it would be like on fair days. On such occasions large numbers of people would pour into the village and there would be fun and merriment in the *Britannia*, especially if the harpers were on form and if they had had a drop or two! If the buyers and sellers had been pleased with the prices it would be a good night in the tavern and the customers would look forward to the singing contests and the sound of the harp from the swiftly moving fingers of the harpers. Looking at the site of the *Britannia* today it is hard to imagine the old tavern as it was, with the tailor's workshop next door where Telynor Môn's two sons, Owen R. Jones, Telynor Seiriol, and Robert Jones, Y Telynor Cymreig, spent their working hours tailoring for the local people. But we can be sure that they would strike the strings of the harp which stood in the corner of workshop when the muse stirred within them or if they became bored with their work. What better way to lift low spirits! Quite an idyllic existence!

amlwg o'r holiadur ei bod hithau yn ymwybodol iawn o'u henwogrwydd. Mae'r llythyr a anfonwyd fel atebiad i *Lys Llanofer* yn llaw John Jones, Telynor Môn, yn ddogfen bwysig a dadlennol.

Synhwyrwn o edrych ar lawysgrifen gywrain a phendant y telynor ei fod yn gymeriad cadarn a hyderus. Mae safon yr iaith Gymraeg o gywirdeb a llithrigrwydd naturiol sy'n dystiolaeth o addysg drwyadl, addysg y byddai'n sicr o fod wedi'i derbyn yng nghylch Amlwch. Yn anffodus ni oroesodd unrhyw enghraifft o lawysgrifen ei frawd, Telynor Cybi, er mwyn cymhariaeth, ond gallwn dybio ei fod yntau hefyd wedi derbyn yr un addysg safonol â Thelynor Môn.

O ran cymeriad, roedd Telynor Môn yn fawr ei barch yn Llannerch-y-medd, fel y crybwyllwyd eisoes, a deallwn ei fod yn un y gellid yn hawdd droi ato am gymorth mewn cyfyngder. Gwnaeth lawer er budd elusennau yn ei fro drwy godi arian mewn cyngherddau lle y casglai delynorion ei deulu ynghyd i'w gynorthwyo mewn nosweithiau o'r fath a gwyddai'r hen delynor y gallai ddibynnu ar eu doniau. Diau y byddai'r datgeiniaid yn rhan o'r cwmni hefyd yn diddori hefo'u cyfraniadau mewn eitemau o ganu penillion. Y tebyg yw y byddai nai Telynor Môn, Eos Alaw, yn ymuno gyda'i gefndryd fel canwr penillion a hefyd fel un o'r telynorion. Ef oedd mab Benjamin, brawd Telynor Môn a Thelynor Cybi a chan fod Robert Jones, Eos Alaw, yn byw yn Llannerch-y-medd ni allwn lai na chredu yr hyfforddwyd ef ar y delyn gan ei ewythr, John Jones, Telynor Môn.

Ym Mehefin 1887, adeg dathlu Jiwbilî y Frenhines Fictoria, disgrifiwyd golygfa

Helpu yn y cynhaeaf gwair (t.1900).
Ar ben yr ysgol mae John Jones, Telynor Môn, a'r pedwerydd o'r chwith yw ei fab, Robert, Y Telynor Cymreig. Efallai mai'r mab arall, Owen, Telynor Seiriol, yw'r gŵr cyntaf o'r chwith. Tynnwyd y llun rywbryd ar droad y ganrif ar fferm *Nant Hanog*, Llannerch-y-medd.

Hay making at *Nant Hanog*, Llannerch-y-medd (c. 1900), John Jones, Telynor Môn, is at the top of the ladder, whilst his son Robert, Y Telynor Cymreig, stands fourth from the left. His other son, Owen, Telynor Seiriol, could well be the first figure from the left.

nad oedd wrth fodd gohebydd *Y Genedl Gymreig* pan oedd ar ei ffordd i Ros-y-bol ar ôl bod yng Nghymanfa'r Bedyddwyr yn Llannerch-y-medd. Clywsai sŵn miwsig a dawnsio yn dod o gyfeiriad gerddi tŷ mawr wrth ymyl y ffordd ac yno, er mawr syndod iddo, yr oedd mintai o bobl eglwysig yn mwynhau y fath beth â phicnic ac yn ymbleseru mewn gweithgareddau megis 'Kissing Ring' i gyfeiliant y delyn. Pwy meddech chi fyddai wedi bod yn trin y tannau? Ni ddylai'r ateb fod yn ddirgelwch mawr!

Lle amlwg i droi i mewn iddo oedd y *Britannia* ar sgwâr y Llan a gellir dychmygu sut le fyddai yno adeg y ffeiriau yn enwedig. Bryd hynny tyrrai niferoedd mawr i'r Llan a byddai digon o hwyl a rhialtwch yn y *Britannia* a'i thelynorion mewn hwyliau da, yn enwedig ar ôl codi'r bys bach a chael blas ar win yr heulwen! Os byddai'r prisiau wedi plesio'r prynwyr a'r gwerthwyr roedd hi'n sicr yn argoeli i fod yn noson dda yn y dafarn a chaed cryn edrych ymlaen i'r ymryson canu a sain y tannau dan fysedd chwim y telynorion. O edrych heddiw ar y safle lle bu'r *Britannia,* anodd yw dychmygu'r hen dafarn fel yr oedd a gweithdy'r teiliwr y drws nesaf ac o dan yr unto. Yn y gweithdy hwn y treuliai dau fab Telynor Môn, Owen R. Jones, Telynor Seiriol a Robert Jones, Y Telynor Cymreig, eu horiau gwaith yn teilwra i drigolion yr ardal.

Ond gallwn fod yn bur siŵr y byddent yn byseddu tannau'r delyn yng nghornel yr ystafell pan ddeuai'r awen heibio neu pan fyddai'r gwaith yn drech na hwynt. Pa ffordd well i leihau adegau o ddiflastod; sefyllfa ddigon delfrydol a dweud y lleiaf!

At the turn of the century when Telynor Môn was nearing his three score years and ten, surprisingly he ventured into the competitive world of the eisteddfod. Amongst the names of the competitors for two separate competitions on the Welsh harp at the National Eisteddfod Bangor, 1902, his name is listed together with his two sons, Y Telynor Cymreig and Telynor Gwalia.

The same year, 1902, there came the first of several sad events to befall him. Within a few months, first his sister-in-law, Jane Jones, died followed by his brother, Telynor Cybi, in April 1902. This was followed two years later by the death of his wife, Margaret. She was buried in the graveyard of St. Mary's Church, Llannerch-y-medd, where they had been married. But nothing could prepare him for the loss which he suffered in April 1906, when his son, the brilliant harper, Owen Jones, Telynor Seiriol, died a young man of 46. This was a dreadful shock and within the year Telynor Môn himself died at the age of 74. He was buried with his wife. The sadness of the locality was expressed in the tribute (shown on page 50).

We are given a further insight into Telynor Môn's gentle character, and a testimony to his continuing influence in later years, in the tribute paid to his son, Robert Jones, Y Telynor Cymreig, when he died at the New Year in 1930. There was still a memory in Llannerch-y-medd of the golden age of the *Britannia* in the last quarter of the nineteenth century, the period in which Y Telynor Cymreig and his brothers were so greatly influenced by Telynor Môn. How different it was in the 1930s when this golden age had dimmed and the cultural activity had declined.

But, as we shall see, the ancient unbroken line of harpers inherited by *Telynorion Llannerch-y-medd* persists and the influence of Telynor Môn and his brother, Telynor Cybi, continues to uphold the old harp tradition in Anglesey.

Wedi troad y ganrif a Thelynor Môn yn tynnu at oed yr addewid, er syndod, efallai, mentrodd i fyd y cystadlu eisteddfodol. Ymysg ymgeiswyr dwy wahanol gystadleuaeth i'r delyn yn Eisteddfod Genedlaethol Bangor, 1902, gwelir ei enw ynghyd â'i ddau fab, Y Telynor Cymreig a Thelynor Gwalia.

Yn yr un flwyddyn, 1902, digwyddodd y cyntaf o nifer o brofiadau trist. Collodd ei chwaer-yng-nghyfraith, Jane Jones, ac ymhen ychydig fisoedd bu farw ei frawd, Telynor Cybi, yn Ebrill 1902. Ddwy flynedd wedyn bu farw ei wraig, Margaret Jones, a chladdwyd hithau ym mynwent Eglwys y Santes Fair yn y Llan lle priodwyd y ddau. Ond nid oedd un dim a allai fod wedi ei baratoi i wynebu'r golled ddirybudd a ddaeth i'w ran yn Ebrill 1906, pan fu farw ei fab annwyl, y telynor disglair, Owen Jones, Telynor Seiriol, yn ŵr ifanc 46 oed. Ergyd drom oedd hon iddo ac ymhen y flwyddyn bu farw Telynor Môn, yntau, yn 74 mlwydd oed a chladdwyd ef gyda'i briod. Cafwyd y deyrnged (ar y dde) i Delynor Môn yn datgan tristwch y fro.

Cawn olwg bellach ar Delynor Môn a'i gymeriad hynaws a phrawf fod ei ddylanwad yn parhau flynyddoedd wedyn yn y deyrnged a gafwyd i'w fab Robert Jones, Y Telynor Cymreig, pan fu farw yntau ar y Calan 1930. Roedd cof o hyd yn y Llan am oes aur y *Britannia* fel y bu yn chwarter olaf y 19eg ganrif a mwy, cyfnod a gafodd gymaint o ddylanwad ar Y Telynor Cymreig a'i frodyr. Mor wahanol yr oedd hi erbyn y 1930au a berw'r diwylliant fel y bu wedi pylu.

Ond fel y cawn weld mae'r hen linach drwy Delynorion Llannerch-y-medd yn dal i ymestyn ymlaen a dylanwad Telynor Môn a'i frawd Telynor Cybi yn dal i gynnal hen draddodiad y delyn ym Môn.

Carreg fedd John Jones, Telynor Môn, a'i wraig ym mynwent eglwys y llan, Llannerch-y-medd.
The gravestone of John Jones, Telynor Môn, and his wife in the churchyard of Llannerch-y-medd parish church.

Telynores Cybi
Ellen Jane Jones (1858-1932)

Ellen Jane Jones was born one of twins to Owen and Jane Jones in 1858 in the *Penrhyn Marchog Inn*, Porth-y-Felin, Holyhead. Unfortunately, her brother, Robert Henry, died before his third birthday.

It is easy to imagine Ellen Jane as a child being enchanted by the sound of the Welsh airs played on the harp by her father, Telynor Cybi and her uncle, John Jones, Telynor Môn. It was, therefore, no surprise when she began to finger the strings, that her talents blossomed very early on. She, like her father, chose to call herself Telynores Cybi after her home town.

In no time at all she became known in the locality as a talented harper and as a young girl she was invited to perform before important visitors who came to Holyhead just as her father had done. Amongst the first of these was the occasion of the visit of the Emperor and Empress of Brazil, when she was invited to entertain them in the *Royal Hotel*, Holyhead, where the *Eagle and Child* stands today. On other occasions she entertained in the home of the Stanleys in *Penrhos*. Mrs Stanley was so taken with the young Telynores Cybi and her harp playing that she was frequently invited to her home, *Plas Penrhos*, to entertain her friends.

When she was thirteen Ellen Jane entered the world of competition and the occasion was Eisteddfod Môn Llannerch-y-medd 1871. She shared

Telynores Cybi
Ellen Jane Jones (1858-1932)

Ganed Ellen Jane Jones yn un o efeilliaid i Owen a Jane Jones yn 1858 yn *Nhafarn y Marchog,* Porth-y-Felin, Caergybi, ond bu farw ei brawd, Robert Henry, cyn cyrraedd ei benblwydd yn dair oed.

Gallem yn hawdd ddychmygu Ellen Jane yn blentyn bychan yn cael ei hudo gan seiniau'r delyn pan fyddai ei thad, Telynor Cybi a'i hewythr, John Jones, Telynor Môn, yng nghwmni ei gilydd yn cyd-chwarae alawon Cymreig ar eu haelwyd. Nid syndod felly oedd iddi hithau gydio yn gynnar yn y tannau a blodeuodd ei thalent fel telynores yn fuan iawn. Dewisodd hithau ei galw ei hun yn Delynores Cybi yn unol â dewis ei thad yn y lle cyntaf.

Daethpwyd i wybod ym mhen dim am ei dawn yn nhref Caergybi a'r cylch; a hithau ond yn ferch ifanc gwahoddwyd hi i ddilyn arfer ei thad o ganu ei thelyn o flaen ymwelwyr pwysig a ddeuai i'r dref. Y cynharaf o'r achlysuron hynny oedd ymweliad Ymerawdwr ac Ymerodres Brasil pan alwyd arni i'w diddanu gyda'i thelyn yn y *Royal Hotel*, Caergybi, lle saif yr *Eagle and Child* heddiw. Digwyddai llawer o'r ymweliadau hyn yng nghhartref teulu Stanley ym *Mhenrhos*, ac roedd Mrs Stanley wedi'i sywno gymaint gan y delynores fach fel yr estynnwyd gwahoddiad iddi yn aml i ddiddanu ei gwesteion.

Yn dair ar ddeg oed mentrodd Ellen Jane i'r byd cystadleuol a hynny am y tro cyntaf yn Eisteddfod Môn, Llannerch-y-medd 1871. Rhannodd y llwyfan gydag

Llun cynnar o Ellen Jane Jones, Telynores Cybi, (1858-1932) yn canu'r deires yn ei gwisg Gymreig.
An early photograph of Ellen Jane Jones, Telynores Cybi, (1858-1932) in Welsh costume playing the Welsh Triple Harp.

the stage with one of the most famous harpers of the day, J. Elias Davies, Bethesda, Telynor y Gogledd. He was 24 years of age and, of course, won the first prize. But her performance so impressed the audience that a cash prize was presented to her by the famous singer, Miss Edith Wynne, and the poet and writer, Thesbiad. There were other members of the family present at that eisteddfod with their harps – her father, Telynor Cybi and her uncle, Telynor Môn, with one of his pupils, Thomas Hughes, Telynor Alaw, of Llannerch-y-medd.

Telynores Cybi was captivated by the world of competition and the eisteddfod from then on. During the following year she won a silver medal at Eisteddfod Môn, Holyhead and in the same year she competed in the National Eisteddfod, Tremadog, 1872. Among the other competitors on the triple harp were John and Albert Roberts but the winner once again was Telynor y Gogledd. However, in the pedal harp competition Telynores Cybi won first prize. Later in the year she was invited to travel further afield to play the harp in the evening concert at the Birkenhead Eisteddfod.

The year 1873 proved to be an exciting and varied year for Telynores Cybi. She continued to appear on the eisteddfod platform and joined forces with her younger cousin, Telynor Seiriol, in a concert at the Liverpool and Birkenhead Eisteddfod. In August she performed at Eisteddfod Môn, Menai Bridge with Telynor Seiriol and her other cousin, Robert Jones,

Y Telynor Cymreig. She also won a silver medal at this eisteddfod; Brinley Richards was the adjudicator.

This eisteddfod in Menai Bridge holds a particular place in eisteddfodic history and is remembered as Gwilym Cowlyd's eisteddfod because of the controversy over the chairing of the bard. The full report can be found in *Baner ac Amserau Cymru*, 3 August, 1873. Among those attending were Llew Llwyfo, Hwfa Môn, Alfardd, Estyn, Tudno, Thesbiad, Gweirydd ap Rhys and Miss Edith Wynne.

The year continued to be one of memorable performances by Telynores Cybi. Holyhead witnessed an important occasion with the visit of Edward, Prince of Wales and his brother, Albert, Duke of Edinburgh, on 19 August, 1873, to open the Breakwater. A fully illustrated report of this occasion can be found in the *Illustrated London News*. Once again Mrs Stanley invited Telynores Cybi to *Penrhos* to play before the Royal Family. She also wore the medals which she had won as prizes and the Prince showed particular interest in these. Amongst those who took an interest in her performance was Mrs Gladstone, the Prime Minister's wife, who spoke to Telynores Cybi in Welsh. Telynores Cybi wore her Welsh national costume for the performance.

On 25 October, 1873, Telynores Cybi appeared once more before the Prince of Wales and the Duke of Edinburgh. This time she was on the stage of the Royal Albert Hall, London, in a Grand

un o delynorion enwog y dydd, J. Elias Davies, Bethesda, Telynor y Gogledd, a oedd yn 24 oed ar y pryd ac yn naturiol ef gipiodd y wobr. Ond crewyd cymaint o argraff ar y gynulleidfa gan ei datganiad hithau fel y cynigiwyd gwobr o arian iddi gan y gantores enwog Miss Edith Wynne a'r bardd a'r llenor Thesbiad. Yn yr eisteddfod hon roedd aelodau eraill o'r un teulu yno gyda'u telynau – ei thad, Telynor Cybi, a Thelynor Môn ynghyd ag un o'i ddisgyblion yntau, Thomas Hughes, Telynor Alaw, o Lannerch-y-medd.

Mae'n debyg i Delynores Cybi gael blas ar eisteddfota wedyn oherwydd enillodd dlws arian yn Eisteddfod Môn, Caergybi, yn y flwyddyn ddilynol ac yn yr un flwyddyn, 1872, bu'n cystadlu yn Eisteddfod Genedlaethol Tremadog. Ymlith y cystadleuwyr eraill ar y delyn deires roedd John Roberts ac Albert Roberts ond cipiwyd y wobr hon unwaith eto gan Delynor y Gogledd.

Ar gystadleuaeth y delyn bedal, fodd bynnag, Telynores Cybi oedd yn fuddugol. Gwahoddwyd hi drachefn i deithio ymhellach nag a fentrodd o'r blaen i ganu'r delyn yng nghyngerdd yr hwyr yn Eisteddfod Penbedw y flwyddyn honno.

Bu'r flwyddyn 1873 yn flwyddyn gyffrous ac amrywiol iawn i Delynores Cybi. Parhâi i fynychu llwyfannau eisteddfodol ac ymunodd gyda'i chefnder Telynor Seiriol mewn cyngerdd yn Eisteddfod Lerpwl a Phenbedw.

Ym mis Awst, cynhaliwyd Eisteddfod Môn, Porthaethwy ac yma roedd Telynores Cybi, Telynor Seiriol a'i chefnder arall, Robert Jones, Y Telynor

Tywysog Cymru yng ngoleudy y morglawdd yng Nghaergybi.
The Prince of Wales at the lighthouse on the Holyhead Breakwater.

Tywysog Cymru ym *Mhenrhos,* ger Caergybi.
The Prince of Wales at *Penrhos,* near Holyhead.

Edith Wynne, Eos Cymru (1842-87).
Un o brif gantorion ei chyfnod a
ymddangosodd mewn sawl eisteddfod ac a
ganodd ar brif lwyfannau Llundain ac Unol
Daleithiau yr Amerig.
Edith Wynne, Eos Cymru (1842-87).
One of Wales's best known and best loved
female singers of the Victorian era. She
regularly appeared in the eisteddfodau and
performed in the major concert halls of London
and the U.S.A.

Cymreig, yn telynori. Enillodd hithau
dlws arian arall a'r beirniad oedd Brinley
Richards.

Roedd yr eisteddfod hon ym
Mhorthaethwy yn nodedig yn hanes
Eisteddfodau ac fel Eisteddfod Gwilym
Cowlyd y cofir amdani o achos yr helynt a
fu ynglŷn â chadeirio'r bardd. Ceir yr
hanes yn llawn yn *Baner ac Amserau
Cymru* 3 Awst, 1873. Ymhlith y rhai a
oedd yn bresennol yn yr eisteddfod
arbennig hon roedd Llew Llwyfo, Hwfa
Môn, Alfardd, Estyn, Tudno, Thesbiad,
Gweirydd ap Rhys a Miss Edith Wynne.

Parhâi'r flwyddyn 1873 i esgor ar
berfformiadau cofiadwy iawn i Delynores
Cybi. Yng Nghaergybi bu achlysur o bwys
gydag ymweliad Edward, Tywysog Cymru,
a'i frawd Albert, Dug Caeredin, ar 19
Awst i agor y morglawdd. Ceir disgrifiad
manwl ynghyd â lluniau o'r holl
ddigwyddiadau yn yr *Illustrated London
News*. Unwaith eto gwahoddwyd hi gan
Mrs Stanley i ganu ei thelyn yn ei gwisg
genedlaethol ym *Mhenrhos* o flaen y
Teulu Brenhinol. Gwisgodd hefyd y
tlysau a enillodd yn wobrwyon a
chymerodd y Tywysog sylw arbennig o'r
rhain. Ymhlith y rhai eraill a gymerodd
ddiddordeb yn ei datganiadau yr oedd
Mrs Gladstone, gwraig y Prif Weinidog, a
sgwrsiai â hi yn Gymraeg.

Tua diwedd y flwyddyn ar 25 Hydref,
1873, ymddangosodd eto o flaen Tywysog
Cymru a Dug Caeredin, ond y tro hwn ar
lwyfan yr *Albert Hall* yn Llundain. Brinley
Richards oedd yn gyfrifol am drefnu'r
cyngerdd hwn, Cyngerdd Mawreddog
Cymreig. Hawdd deall, wedi darganfod
dawn y delynores bymtheg oed yn
Eisteddfod Porthaethwy yn gynharach yn

Welsh Concert organised by Brinley
Richards, who having discovered this
talented young 15 year old harper at
Menai Bridge, was keen to exploit his
discovery. He himself led her, in her
national costume, onto the stage and
seated her at her harp. That evening
she shared the stage with John
Thomas, Pencerdd Gwalia, Madam
Patti of *Craig y Nos*, Miss Edith
Wynne and Eos Morlais.

When we recall that Telynores Cybi
grew up to the sound of the harp and
that the family had a deep interest in
and delighted in *penillion* singing it is
natural to conclude that she too would
be trained in the art of accompanying
such singers, an art which is different
to that required for playing solos on
the instrument. It was no surprise
therefore to find her name amongst
those chosen to perform the task of
official harper at Eisteddfod Môn
Beaumaris, Easter 1874, where the
official *penillion* singer was Eos Môn. In
August of the same year she was back
competing at the National Eisteddfod
held in Bangor.

In the same eisteddfod Telynor Seiriol,
a cousin to Telynores Cybi, played the
harp in the *Gorsedd* ceremonies and
accompanied the official *penillion*
singer, Eos Môn. Although Telynor
Seiriol was only 14 years of age he had
already been taught the ancient art of
accompanying *penillion* singing.

Thus the picture of Telynores Cybi
that we conjure up in the mind's eye is
that of a young, talented and
confident harper, taking full advantage
of every opportunity which was

presented to her. Having been influenced and instructed by her father and immersed in the ancient harp tradition, it is not surprising to find her the subject of much attention and admiration as she appeared on stages throughout the country.

Nicander sang her praises in words which may be roughly translated as "The sounds of heaven can be heard as the disciplined fingers of Telynores Cybi draw them upon the strings of the harp". As we have seen, Mrs Stanley of *Penrhos* was one who took a special interest in Telynores Cybi and she stressed to Owen Robert Jones, Telynor Cybi, that she would be more than delighted to use her influence to secure a musical education for his daughter at the Royal Academy in London. One can imagine the young girl's delight and excitement at the thought of such an opportunity, only to be replaced by deep disappointment when her father did not share her delight. He refused the offer out of hand saying that she was far too young to consider such an idea.

It is unclear what happened during the next three or four years. We know that she was present at the National Eisteddfod Caernarfon in 1877 and there is a suggestion that she was studying with Dr Roberts in Caernarfon during this period. It is assumed that Dr Roberts was John Henry Roberts (1848-1924), Pencerdd Gwynedd. As a young boy from Mynydd Llandygai he displayed a rare musical talent. He studied at the Royal Academy of Music in London before

y flwyddyn, ei awydd i'w gwahodd i gymryd rhan. Ef a'i harweiniodd i'r llwyfan a hithau'n arddangos ei hun wrth y delyn yn ei gwisg genedlaethol ac yn rhannu llwyfan y noson honno gyda John Thomas, Pencerdd Gwalia, Madam Patti o *Graig y Nos*, Miss Edith Wynne ac Eos Morlais.

O gofio i Delynores Cybi gael ei magu yn sain y delyn ac o wybod fel y byddai canu penillion yn rhan o ddiddanwch a diddordeb y teulu hwn o delynorion, naturiol yw dychmygu fel yr ymunai hithau gyda hwynt yn y grefft o gyfeilio i'r datgeiniaid, crefft a oedd tipyn yn wahanol i'r un o roi datganiad ar y delyn. Nid rhyfedd felly oedd canfod mai hi a ddewiswyd i gyflawni'r orchwyl o wasanaethu fel telynores yn Eisteddfod Môn Biwmares, Pasg 1874, a'r datgeinydd gyda'r tannau oedd Eos Môn. Ym mis Awst yr un flwyddyn roedd Telynores Cybi yn ôl ym myd y cystadlu yn Eisteddfod Genedlaethol Bangor, 1874.

Yn yr un Eisteddfod roedd ei chefnder Telynor Seiriol yn canu ei delyn deires yn seremonïau'r orsedd i'r datgeinydd Eos Môn – yntau wedi'i hyfforddi'n drwyadl yn yr hen grefft honno er ei fod ond yn fachgen ifanc pedair ar ddeg oed.

Darlun o delynores ifanc, ddawnus, o gymeriad hyderus, yn manteisio ar bob cyfle a ddaeth i'w rhan yw'r darlun a gawsom o Ellen Jane, Telynores Cybi, hyd yma. Gyda dylanwad hen draddodiad y delyn yn gynhenid ynddi a thrwy hyfforddiant medrus ei thad pa ryfedd felly oedd ei gweld yn destun sylw ac edmygedd ar lwyfannau ledled y wlad.

Canodd y bardd Nicander fel a ganlyn er clod iddi:

Eisteddfod Genedlaethol Bangor 1874

Cystadleuaeth ar chwarae y delyn driphlyg. Y wobr oedd telyn driphlyg (rhodd Brinley Richards).* Y darnau i'w canu oeddynt 'Syr Harri Ddu' a 'Pant Corlan yr Ŵyn' gydag amrywiadau. Ni ddaeth ond Miss Jones (Telynores Cybi) ymlaen a barnodd Pencerdd Gwalia hi'n wir deilwng o'r wobr.

Yn 1955 roedd y delyn deires honno yn dal ym meddiant Amgueddfa Bangor.

Competition for the playing of the triple harp. The prize was a triple harp (presented by Brinley Richards).* The pieces to be played were 'Syr Harri Ddu' and 'Pant Corlan yr Ŵyn' with variations. The only one to come forward was Miss Jones (Telynores Cybi) and Pencerdd Gwalia judged her to be truly worthy of the prize.

In 1955 this triple harp was in the possession of the Bangor Museum.

Swydd a dysg dy fysedd di – Ion eirian
Delynores Cybi
Seiniau nef a'n swyna ni
A dawn têr dy dantori

Un a gymerodd ddiddordeb anghyffredin ym mherfformiadau Telynores Cybi oedd Mrs Stanley, *Penrhos*, Caergybi. Awgrymodd yn gryf i Owen Robert Jones, Telynor Cybi, y byddai'n bleser ganddi ddefnyddio'i dylanwad i sicrhau addysg gerddorol i'w ferch yn yr *Academi Gerdd Frenhinol* yn Llundain. Gallem ddychmygu llawenydd y delynores ifanc a'r cyffro o feddwl y gallai cyfle o'r fath ddod i'w rhan. Siomiant pur felly oedd sylweddoli nad oedd ei thad yn rhannu'r un dymuniad a gwrthododd yn bendant drwy ddweud ei bod yn llawer rhy ifanc.

Mae'n aneglur beth a ddigwyddodd yn ystod y ddwy neu dair blynedd canlynol. Gwyddom ei bod yn bresennol yn Eisteddfod Genedlaethol Caernarfon, 1877, a cheir rhyw awgrym ei bod yn astudio gyda Dr Roberts yng Nghaernarfon yn y cyfnod hwn. Tybiwn mai John Henry Roberts (1848-1924), Pencerdd Gwynedd, oedd ef. Yn fachgen ifanc o Fynydd Llandygái, dangosodd fod ganddo ddawn gerddorol yn fuan iawn. Astudiodd yn yr *Academi Gerdd Frenhinol* yn Llundain cyn symud i Gaernarfon yn 1874 fel organydd yn yr Eglwys Bresbyteraidd, Sgwâr y Castell, Caernarfon. Aeth ymlaen i Lerpwl fel organydd a sefydlodd y *Cambrian School of Music* yno tua 1898. Bu'n olygydd nifer o lyfrau emynau Cymraeg a chyfrannodd i'r *Cerddor*.

Fodd bynnag, dyma'r eisteddfod a seliodd ei thynged gan mai yma y cyfarfu

moving to Caernarfon in 1874 as organist in the Presbyterian Church in Castle Square. He later went to Liverpool as an organist and established the Cambrian School of Music there in 1898. He edited several Welsh hymn books and contributed to *Y Cerddor*.

It was, however, at the Caernarfon Eisteddfod that the fate of Telynores Cybi was sealed, because it was there that she met a young man – Evan Richard Rowlands, the poet Ynysog. At the time he was 35 years old, he had been born in Amlwch but had emigrated to California. He had returned to his home land on a visit and had come to the eisteddfod. For both, it was love at first sight.

Ynysog had to return to California but not before securing a promise from Ellen Jane that she would join him there. However, she laid down one condition. She would join him provided that he promised that if at any time she wished to return home then she would be allowed to do so. He agreed. Ellen kept this secret to herself and in due course Evan Rowlands sent a letter to her in Caernarfon where she was studying. The letter contained sufficient money to purchase a ticket on the *White Star Line* (the *Titanic* was a ship of this line) to sail to New York.

We may surmise that her disappointment at not being allowed to study at the Royal Academy had a part to play in her decision and determination to emigrate to California to join her sweetheart.

For that day and age Telynores Cybi was indeed an adventurous and determined young lady.

We know that she took her harp and that she sailed from Liverpool. The day before embarking on her voyage she wrote to her mother and father telling them that she was going to California. She posted the letter the day the *Germanic* set sail on 10 April 1879. On 24 May, 1879, Ellen Jane, Telynores Cybi, married Evan Richard Rowlands in Sacramento.

The pain suffered by her parents far away in Wales is unimaginable as they realised that their talented and gifted 21 year old daughter had vanished from their lives. In due course, she gave birth to two children in the United States – Richard Owen Rowlands in April 1880 and Jane Ellen Rowlands in about 1882.

Telynores Cybi achieved fame in California as a performer and Wales did not forget her. Mrs Adeane of *Llan-fawr*, Holyhead sent a wax model of her in her national costume to the World Fair in Chicago in 1880. She is reported to have celebrated St. David's Day by playing her harp in Platt's Hall, San Francisco in 1881. Apart from her harp playing, her visit to San Francisco witnessed another turning point in her life. Seeing the sea brought *hiraeth*, a heart-felt longing, for her native Wales. Her husband was true to his word. On 12 October, 1882, the little family set out on their journey to Wales, to Rhos-goch, to the great delight of her parents and the rest of the family.

Telynores Cybi â gŵr ifanc, Evan Richard Rowlands, y bardd Ynysog. Gŵr 35 oed oedd ef ar y pryd, yn enedigol o Amlwch ac wedi ymfudo i Galifffornia. Roedd ar ymweliad â'i hen wlad ac wedi troi i mewn i'r eisteddfod. Syrthiodd y ddau mewn cariad ar eu hunion.

Rhaid oedd i Ynysog ddychwelyd i Galifffornia ond nid cyn i Ellen Jane addo y byddai yn ymuno gydag ef yno ond ar yr amod y byddai yn addo un peth, sef y byddai yn caniatáu iddi ddychwelyd i Gymru unrhyw bryd y dymunai; felly y cytunwyd. Cadwodd Ellen hyn yn gyfrinach ac ymhen amser anfonodd Evan Rowlands lythyr ati i Gaernarfon lle'r oedd hi'n astudio. Ynddo yr oedd digon o arian i brynu tocyn gyda'r *White Star Line* (yr un cwmni â'r *Titanic*) i hwylio i Efrog Newydd.

Ni allwn lai na meddwl bod a wnelo'r siomiant o fethu cael mynd i astudio yn yr *Academi Gerdd Frenhinol* rywbeth â'i hystyfnigrwydd i ymfudo dros y môr i Galifffornia ac ymuno gyda'i chariad. Sylweddolwn erbyn hyn fod yma ferch o fenter a phenderfyniad anghyffredin iawn o'i hoed a'i hamser.

Gwyddom iddi fynd â'i thelyn gyda hi ac mai o Lerpwl yr hwyliodd. Y diwrnod cyn cychwyn ar y fordaith, ysgrifennodd at ei mam a'i thad i roi gwybod iddynt ei bod yn mynd i Galifffornia a phostiodd y llythyr yr un diwrnod ag y codwyd angor Y *Germanic*, 10 Ebrill, 1879.

Yn Sacramento ar 24 Mai, 1879, priododd Ellen Jane, Telynores Cybi, gydag Evan Richard Rowlands.

Gallwn ddychmygu'r boen a ddioddefodd ei rhieni yng Nghymru bell o sylweddoli bod eu merch ddawnus, dalentog wedi diflannu o'u bywyd a hithau ond yn 21 oed. Ganed dau blentyn iddynt yn America, Richard Owen Rowlands yn Ebrill 1880 a Jane Ellen Rowlands tua 1882.

Derbyniodd Telynores Cybi glod fel datgeinydd yng Nghaliffornia ac nid anghofiodd Cymru amdani oherwydd anfonodd Mrs Adeane, *Llan-fawr*, Caergybi, fodel cŵyr ohoni yn ei gwisg Gymreig i Ffair y Byd, Chicago yn 1880. Mae cofnod amdani yn canu ei thelyn i ddathlu Dydd Gŵyl Ddewi 1881 yn y *Platts Hall*, San Francisco. Heblaw ei pherfformiad ar y delyn bu'r ymweliad â'r dref hon yn drobwynt arall yn ei bywyd, a chael gweld y môr yn codi hiraeth arni i ddychwelyd i Gymru a dyna a fu. Cadwodd ei gŵr at ei air ac yn 1882 ar 12 Hydref, cychwynnodd y teulu bach ar eu taith yn ôl i Gymru ac i Ros-goch ym Môn er hyfrydwch mawr i'w mam a'i thad a'r teulu oll.

Eisoes gwyddom fod rhieni Telynores Cybi yn rhedeg y gwesty a'r siop yn Rhos-goch a'i thad yn ffermio rhywfaint o dir yno hefyd ond erbyn Cyfrifiad 1891 gwelwn mai Ellen Jane a'i gŵr oedd yn gofalu am redeg y gwesty er y galwai ei hun yn delynores yn y Cyfrifiad hwnnw. Ganed dau fab iddynt ar ôl dychwelyd i Gymru: Evan John Rowlands yn 1884 a Grant Parry Rowlands yn 1886.

Gyferbyn: Ellen Jane Jones, Telynores Cybi. Bu am gyfnod yn San Francisco, lle tynnwyd y llun ysblennydd yma ohoni.

Opposite: Ellen Jane Jones, Telynores Cybi. She spent some time in San Francisco, where this elegant photograph was taken of her.

We know that Telynores Cybi's parents ran the hotel and shop in Rhos-goch and that her father farmed some land there, but from the 1891 Census we see that Ellen Jane and her husband were responsible for the running of the hotel even though she still describes herself in the Census as a harper. After returning, two sons were born to the couple: Evan John Rowlands in 1884 and Grant Parry Rowlands in 1886. We know that Evan John Rowlands was a harper and family tradition relates that he had long slim fingers. There are photographs taken in the Rhos-goch hotel around 1907 of him with his harp and his uncle, Robert Jones, Y Telynor Cymreig, who gave him lessons. There is a strong suggestion that the elder son, Richard Owen and the daughter, Jane Ellen, were also able to play the harp because in Telynores Cybi's will, Richard Owen was to inherit her Welsh harp while Jane Ellen was to have the pedal harp.

Newspaper reports of the period testify to Telynores Cybi's continuing performances on the harp in the locality. From time to time her husband would join her in evenings of entertainment when he would recite poetry. We would, of course, expect that her father and the other harpers in the family would come together in each others' homes, which were no great distance apart, to play the harp and other instruments. Evan and Ellen Rowlands' children were educated at the primary school in Rhos-y-bol and Telynores Cybi would perform, from time to time, in the school.

Seven years after returning to her native island a period commenced which brought sorrow and great sadness into the family. Evan Richard Rowlands died on 10 March, 1899, at the age of 57; he was buried with other members of the family in the cemetery at Rhosbeirio. A short, happy period ensued when Telynores Cybi married for a second time on 12 September, 1901. She married John Owen of Caera, Llanfair-yng-nghornwy, a widower described on the Marriage Certificate as 'gentleman' and the son of an Anglican priest. But before the end of the year, Jane Jones, the mother of Telynores Cybi, died on 23 November, and was buried in the public cemetery at Amlwch. Five months after his marriage to Telynores Cybi, John Owen died on 2 February, 1902. His entire estate of £7,379 2s 7d was inherited by his one remaining daughter of the first marriage, since he died intestate. This was not the end of the sorrowing because three months later on 11 April, her father, Owen Robert Jones, Telynor Cybi died and was buried with his wife in Amlwch.

Is it possible to imagine the depth of her sorrow and unhappiness having suffered such a series of trials? She lost heart in running the family business and who could blame her for turning her back on the old home and joining her three sons and daughter, keeping house for them in Liverpool. She was only 44 years of age but she experienced so much grief in her life in such a short space of time that not even the sound of the harp could

Gwyddom fod Evan John Rowlands yn delynor a cheir disgrifiadau ohono yn y teulu fel un a chanddo fysedd main hirion. Ceir lluniau ohono gyda'r delyn yng ngwesty Rhos-goch tua 1907 a'i ewythr Robert Jones, Y Telynor Cymreig, a roddai wersi iddo. Mae lle cryf i gredu bod y mab hynaf, Richard Owen a'r ferch Jane Ellen yn medru canu'r delyn hefyd oherwydd yn ewyllys Telynores Cybi, Richard Owen oedd i gael ei thelyn Gymreig a Jane Ellen oedd i gael y delyn bedal.

Ceir adroddiadau papur newydd yn y cyfnod hwn yn tystio iddi barhau i ganu ei thelyn yn yr ardal ac o bryd i'w gilydd ymunai ei gŵr Ynysog gyda hi mewn nosweithiau o adloniant i adrodd barddoniaeth. Hawdd credu y byddai ei thad a gweddill telynorion y teulu yn dod ynghyd i gydchwarae eu telynau a'r offerynnau eraill a chwaraent ar eu gwahanol aelwydydd gan gadw mewn cof nad oedd rhyw bellter mawr rhwng eu cartrefi o gwbl. Yn ysgol Rhos-y-bol y cafodd plant Evan ac Ellen Rowlands eu haddysg gynradd ac i'r ysgol hon y deuai Telynores Cybi i ganu ei thelyn.

Saith mlynedd ar ôl ymgartrefu yn ôl yn ei hynys genedigol dechreuodd gofidiau a galar i'r teulu oll. Yn gyntaf bu farw Evan Richard Rowlands, Ynysog, 10 Mawrth, 1899, yn 57 oed a chladdwyd ef ymhlith aelodau eraill ei deulu ym mynwent Rhosbeirio. Daeth llawenydd byrhoedlog i'w rhan pan briododd eilwaith ar 12 Medi, 1901, gyda gŵr gweddw, John Owen o'r Caera, Llanfair-yng-nghornwy, gŵr a ddisgrifir yn eu tystysgrif briodasol yn 'gentleman' ac yn fab i offeiriad. Cyn diwedd y flwyddyn daeth galar eto gyda marwolaeth mam Telynores Cybi, Jane Jones, 23 Tachwedd, 1901 a chladdwyd hi ym mynwent Amlwch. Bum mis ar ôl diwrnod eu priodas bu farw ei gŵr John Owen ar Ŵyl Fair y Canhwyllau, 2 Chwefror, 1902. Etifeddodd ei unig ferch o'i briodas gyntaf, Mary Hester, ei holl ystad a oedd werth £7,379 2s 7d, gan iddo farw yn ddiewyllys. Ond nid dyna ddiwedd ei gofidiau; dri mis wedyn ar 11 Ebrill collodd ei thad, Owen Robert Jones, Telynor Cybi a chladdwyd ef hefo'i wraig ym mynwent Amlwch.

Pwy a all ddirnad dyfnder ei thristwch a'i hannedwyddwch o weld chwalfa fawr o'i hamgylch ar bob llaw. Ni fyddai yr un galon ganddi i barhau i ofalu am y busnesau yn Rhos-goch a phwy a welai fai arni am gefnu ar ei hen fro ac ymuno gyda'r tri mab i gadw tŷ iddynt yn Lerpwl yng nghwmni ei hunig ferch, Jane Ellen. Er nad oedd ond 44 mlwydd oed, profodd gymaint o ofid yn ei bywyd mewn cyn lleied o amser ac nid oedd tinc y delyn hyd yn oed yn ei chysuro. Edrychwn yn awr ar ferch o bersonoliaeth dipyn gwahanol i gymeriad mentrus a phenderfynol y blynyddoedd cynharach; gwelwn wedd garedig gynnes ac ystyriol arni, a'r teulu a hawliai ei sylw pennaf yn y blynyddoedd dilynol.

Wedi i'w meibion fynd pob un i'w ffordd ei hun, i Gymru y troes ei golygon unwaith eto. Dewisodd Richard Owen Rowlands ddilyn gyrfa fel offeiriad yn yr Eglwys, Evan John Rowlands, yr ail fab yn beiriannydd ar y môr, a'r mab ieuengaf, Grant Parry yn ymfudo i America ac am gyfnod bu'n byw yng Nghaliffornia. Gwyddom iddi hithau a Jane Ellen dreulio nifer o flynyddoedd yn Rhuddlan

console her. We now see a woman of quite a different personality to that adventurous, determined young girl in her early years. Now she was a kindly, warm, considerate person whose family claimed her attention in these latter years.

When her sons were settled in their chosen careers she returned to Wales once more. Richard Owen Rowlands became a priest, Evan John Rowlands, the second son, became a naval engineer and the youngest son, Grant Parry Rowlands emigrated to the USA, and for a period lived in California. Telynores Cybi and her daughter, Jane Ellen, lived for a number of years in Rhuddlan where Richard Owen was the vicar. Some members of the family still recall 'Aunty Rhuddlan' and their visits to see her and the family from time to time.

It was not long before the harps of two other members of the *Britannia* family fell silent. The first, was the harp of Owen Jones, Telynor Seiriol, the cousin nearest to her in age. As children they had frequently played the harp together on each others' hearth and shared her father's tutoring. Owen Jones had shared so many platforms with her. It was with a heavy heart that she witnessed the death of one who was two years younger than herself. The following year saw the death of her uncle, John Jones, Telynor Môn, and so both harps, those of father and son, lay silent.

Yet the time that Telynores Cybi spent at Rhuddlan saw periods of joy and happiness. The marriage of her son, Evan John Rowlands, to Ffreda Rowena Holland, Ap Elwy's daughter, brought her great pleasure. Ffreda was an experienced and famous harper and had performed at eisteddfodau since the age of nine when she won for the first time at the National Eisteddfod Llangollen, 1908. The young couple were harpers and their home resounded to the sound of strings. We may suppose that Evan John Rowlands, having survived his sister, Jane Ellen, inherited his mother's pedal harp. Telynores Cybi influenced the young couple and, no doubt, that same influence continued into the next generation.

A whole new generation of harpers in the 1950s and 60s were influenced by the discipline and encouragement of one of the kindest and unassuming of harp tutors, Ffreda Holland, Telynores Prydain. She was a close friend of Nansi Richards, Telynores Maldwyn and her pupils have warm memories of her and her husband.

Jane Ellen and Telynores Cybi spent the remainder of their days with Richard Owen Rowlands. Jane Ellen died in 1929 and within three years her mother died in Llansanffraid in Montgomeryshire at the age of 74. She was laid to rest with her daughter in the graveyard of St. Mary's Church, Rhuddlan.

Telynores Cybi was the eldest and last of her generation of harpers. Her cousin from the *Britannia*, William Jones, Telynor Gwalia, had died in 1914 and two years before her own

lle'r oedd ei mab hynaf yn offeiriad. Mae rhai aelodau o'r teulu yn dal i gofio 'Anti Rhuddlan' ac fel yr aethent am dro yno i weld eu modryb a'i theulu bob hyn a hyn.

Buan wedyn tawodd tannau telynau dau o'i pherthnasau o deulu'r *Britannia*. Telyn Owen Jones, Telynor Seiriol, ei chefnder, oedd y gyntaf i ddistewi a mynd yn fud. Ef oedd y cefnder agosaf ati o ran oedran, a'r ddau wedi cydchwarae lawer fel plant ar aelwydydd y naill a'r llall heb sôn am gyd-delynori wrth dderbyn hyfforddiant gan ei thad a hwn oedd y cefnder a rannodd lwyfannau gyda hi gymaint o weithiau yn y gorffennol. Loes i'w chalon oedd gweld yr un a oedd ddwy flynedd yn iau na hi yn marw mor ifanc. Mud hefyd y gadawyd telyn ei hewythr John Jones, Telynor Môn, a thad Telynor Seiriol y flwyddyn ddilynol a'r ail brofedigaeth o blith telynorion ei theulu yn y Llan o fewn byr amser.

Yn y cyfnod a dreuliodd Telynores Cybi yn Rhuddlan, profodd lawenydd a hapusrwydd ac un o'r pethau a roddodd fwyaf o fwynhad iddi oedd priodas ei mab Evan John Rowlands gyda Ffreda Rowena Holland, merch Ap Elwy. Roedd hi'n delynores enwog a phrofiadol ac wedi bod ar lwyfannau eisteddfodol gyda'i thelyn ers yn naw oed pan enillodd am y tro cyntaf yn Eisteddfod Genedlaethol Llangollen, 1908. A'r ddau hyn yn garedigion y delyn, llanwyd eu cartrefi â sain telynau. Tybiwn, gan iddo oroesi ei chwaer, mai Evan John Rowlands a etifeddodd delyn bedal ei fam. Bu dylanwad Telynores Cybi yn naturiol ar y ddau a diau y parhaodd i'r genhedlaeth iau.

Gwyddom fel y dylanwadwyd ar do o

Ffreda Holland, Telynores Prydain.

delynorion ifainc drwy ddisgyblaeth ac anogaeth y garedicaf a diymhongar o hyfforddwyr y delyn yn ystod y 1950au a'r 1960au, sef Ffreda Holland, Telynores Prydain. Cyfeilles ydoedd i Nansi Richards, Telynores Maldwyn, ac ymhlith ei disgyblion mae atgofion annwyl amdani hi a'i gŵr yn parhau yn y cof.

Am weddill ei dyddiau, gyda'i mab hynaf Richard Owen Rowlands y gwnaeth Telynores Cybi a Jane Ellen eu cartref. Bu farw Jane Ellen yn 1929 a thair blynedd yn ddiweddarach bu farw ei mam, Telynores Cybi, yn 74 mlwydd oed yn Llansanffraid ym Maldwyn a chladdwyd hi ym mynwent y Santes Fair, Rhuddlan gyda'i merch.

Telynores Cybi oedd yr hynaf a'r olaf o'r to hwn o delynorion. Roedd wedi colli un arall o'i chefndryd o deulu'r *Britannia*, William Jones, Telynor Gwalia yn 1914 a dwy flynedd cyn ei marwolaeth hithau bu farw yr olaf o'r tri thelynor, a'i chyfoedion o'r *Britannia*, ei chefnder annwyl, Robert Jones, Y Telynor Cymreig.

Wrth gloi mentrwn ddweud y gallasai Telynores Cybi, pe dymunai, fod wedi parhau i arddangos ei dawn ar lwyfannau ledled y wlad ac, o dystiolaeth ei dyddiau mentrus cynnar, fod wedi parhau i grwydro'r byd gyda'i thelyn a chyrraedd yr uchelfannau fel telynores.

death, the last of the three harpers and her peers from the *Britannia*, her dear cousin, Robert Jones, Y Telynor Cymreig, had died.

In closing this chapter and with the benefit of hindsight, we may say that Telynores Cybi, had she so chosen, could have travelled far and wide displaying her talent on the harp. The brilliance of her early days might have resulted in her achieving the heights of her profession with the world at her feet.

Telynor Seiriol
Owen Jones (1860-1906)

Of Owen Jones, Telynor Seiriol, R. Môn Williams wrote that he was nurtured with a harp in his hands and became one of Wales' best harpers. He was the first of the sons of John Jones, Telynor Môn, to be revered by the nation and to win fame on his country's sweet harp – the Welsh triple harp. This famous harper was born in the *Britannia Inn*, Llannerch-y-medd in the year 1860. One would assume that it was his father who taught him to play the harp but it was not so. His uncle, Owen R. Jones, Telynor Cybi, who lived in Holyhead, was responsible for his tutoring from the very beginning. In spite of this we may be sure that his father made his own priceless contribution to his son's development as a champion of the Welsh triple harp.

The first record of Owen Jones' entry into the world of the eisteddfod is in 1873, when he appeared in a major concert on the stage at the Liverpool and Birkenhead Eisteddfod. Also appearing with the 13 year old harper was his cousin, Ellen Jane Jones, Telynores Cybi, who was two years older than Owen.

A year later, and very much further from his native hearth, it appears he was in the Workington Eisteddfod in Cumbria. Telynor Seiriol was apparently being referred to as 'the young little harper from Llannerch-y-medd' who accompanied the famous *penillion* singer Idris Fychan. In August

Telynor Seiriol
Owen Jones (1860-1906)

Magwyd ef â'r delyn yn ei ddwylaw a daeth yn un o delynorion goreu Cymru ...

(R. Môn Williams awdur *Enwogion Môn*)

Y cyntaf o feibion John Jones, Telynor Môn, i ennill enwogrwydd a pharch cenedl ar 'delyn berseiniol ei wlad' oedd Owen Jones a fathodd yr enw Telynor Seiriol. Ganwyd y telynor adnabyddus hwn yn *Nhafarn y Britannia*, Llannerch-y-medd yn y flwyddwyn 1860. Byddai rhywun yn cymryd yn ganiataol mai gan ei dad y byddai wedi dysgu canu'r delyn ond nid felly y bu. Ei ewythr o Gaergybi, Owen R. Jones, Telynor Cybi, fu'n gyfrifol am ei hyfforddi o'r cychwyn cyntaf. Serch hynny, gellir tybio bod ei dad wedi gwneud cyfraniad gwerthfawr i'w ddatblygiad fel pencampwr ar y delyn deires Gymreig.

Ceir y cofnod cyntaf am Owen Jones yn gwasanaethu'r byd eisteddfodol yn 1873, pan ymddangosodd mewn cyngerdd mawreddog ar lwyfan Eisteddfod Lerpwl a Phenbedw. Yn cyd-delynori â'r telynor ifanc 13 mlwydd oed oedd ei gyfnither Ellen Jane Jones, Telynores Cybi, a oedd ddwy flynedd yn hŷn nag ef.

Flwyddyn yn ddiweddarach, ac ymhellach fyth o'i bentref genedigol, y tro yma yn Eisteddfod Workington, Swydd Cumberland, credir mai Telynor Seiriol oedd y 'telynor bach o Lannerch-y-medd' a fu'n cyfeilio i'r canwr penillion enwog Idris Fychan. Ym mis Awst yr un flwyddyn a'r tro hwn lawer 'nes adra', bu'r telynor yn cystadlu yn Eisteddfod Môn,

Owen Jones, Telynor Seiriol, (1860-1906) yn canu ei Delyn Deires Gymreig.
Dyma'r llun a ymddangosodd yn rhaglen Eisteddfod Genedlaethol Frenhinol Cymru, Caernarfon, 1894.

Owen Jones, Telynor Seiriol, (1860-1906) playing his Welsh Triple Harp.
This photograph appeared in the Programme of the Royal National Eisteddfod, Caernarfon, 1894.

"Telyn Gymraeg odd gin Yncl Owen bob amsar."
"Uncle Owen always played the Welsh (triple) harp."
Maggie Ann Jones

of the same year, but this time much nearer home, Owen competed in Eisteddfod Môn at Menai Bridge. Brinley Richards, the prominent musician from Carmarthen, was the adjudicator. It appears that the triple harp played by Owen was defective in structure and sound, so much so that the adjudicator expressed the hope that the young harper would get a new harp to replace the ugly and worthless one which he was using. Competing against him was his brother, Robert Jones, Y Telynor Cymreig, and his cousin Telynores Cybi who, that day, took the first prize.

A year later in Eisteddfod Bangor, 1874, Brinley Richards' hope was realised when Telynor Seiriol won the first prize of a new Welsh triple harp.

The eisteddfod record relates that:

the harp competition prize for boys and girls under 18 years old ... was a beautiful Welsh harp given by Cyfeillion yr Wyddgrug (The Mold Friends). The best was Master Owen Jones (Telynor Seiriol) Llannerch-y-medd. He was robed by Mrs. Ellen Lloyd.

At the same eisteddfod Telynores Cybi also won a Welsh harp in another competition. The belief, held to this day by the family, is that these two young harpers were asked to choose between the two harps. Telynores Cybi chose the prettier harp while Owen Jones received the one made from a dark wood. No doubt the one chosen by Owen had the better tone.

Porthaethwy. Y beirniad oedd y cerddor blaengar o Gaerfyrddin, Brinley Richards. Ymddengys mai telyn deires ddigon sâl o ran gwneuthuriad a sain oedd gan Owen Jones oherwydd mynegodd y beirniad y gobaith y byddai i'r bachgen gael telyn newydd yn lle yr un hynod o hyll a begerllyd a oedd ganddo ar y pryd. Yn cystadlu yn ei erbyn roedd ei frawd Robert Jones, Y Telynor Cymreig, a'i gyfnither Telynores Cybi. Hi enillodd y tlws arian y diwrnod hwnnw.

Flwyddyn yn ddiweddarach yn Eisteddfod Bangor, 1874, gwireddwyd gobaith Brinley Richards pan enillodd Telynor Seiriol y wobr gyntaf, sef telyn Gymreig newydd.

Allan o gyfansoddiadau'r eisteddfod honno cawn y canlynol:

Cystadleuaeth mewn chwarae y delyn i fechgyn a genethod o dan 18 oed. Y wobr oedd telyn driphlyg hardd – rhodd Cyfeillion yr Wyddgrug. Y gorau oedd Master Owen Jones (Telynor Seiriol) Llannerch-y-medd. Gwisgwyd ef gan Mrs. Ellen Lloyd.

Cofiwch i'w gyfnither Telynores Cybi hefyd ennill telyn Gymreig mewn cystadleuaeth arall. Y gred, hyd heddiw, ymysg y teulu yw fod y ddau gerddor ifanc wedi cael dewis eu telynau y diwrnod hwnnw. Dewisodd Telynores Cybi yr harddaf o'r ddwy delyn. Serch hynny y delyn o bren tywyll a gafodd Owen Jones oedd yn rhagori o ran sain yn ôl pob tebyg.

Henry Brinley Richards (1819-85) Cyfansoddwr a beirniad poblogaidd yn eisteddfodau'r cyfnod. Brodor o Gaerfyrddin ac Athro Cerdd yn yr Academi Frenhinol yn Llundain. Bu'n astudio ym Mharis lle'r oedd yn gyfeillgar â Chopin.

Henry Brinley Richards (1819-85) A composer and popular adjudicator in the eisteddfodau of the period. A native of Carmarthen and music teacher at the Royal Academy of Music London. He studied in Paris where he became friendly with Chopin.

Owen Jones, Telynor Seiriol, yng ngwisg y Ffiwsilwyr Brenhinol Cymreig.
Owen Jones, Telynor Seiriol, in the uniform of the Royal Welsh Fusiliers.

Canodd Telynor Seiriol, ei delyn yng Ngorsedd cyhoeddi Eisteddfod Genedlaethol Caernarfon, 1880, ar Sgwâr y Castell, dydd Gwener 24 o Hydref 1879.
Telynor Seiriol, played his harp in Caernarfon on the 24th of October 1879 during the proclamation of the National Eisteddfod to be held in the town the following year.

Nid yno i gystadlu'n unig oedd Telynor Seiriol. Eto o gyfansoddiadau'r eisteddfod honno daw'r wybodaeth ganlynol:

Yn Yr Orsedd

Dydd Mercher: Wedi'r urddo cafwyd tôn ar y delyn gan Telynor Seiriol pryd y canwyd penillion arni gan Eos Môn

Dydd Iau: Wedi cael tôn ar y delyn gan Telynor Seiriol Ll'medd yn ei hen wisg Gymreig a phenillion gyda hi gan Eos Môn . . .

Diddorol yw nodi bod mawrion ym myd y delyn yng Nghymru yn bresennol yn Eisteddfod Bangor, gwŷr fel John Elias Davies, Telynor y Gogledd a'r enwog John Thomas, Pencerdd Gwalia. Telynor 'gwir Gymreig' oedd Telynor y Gogledd ac mewn un cyngerdd bu'n cyfeilio i'r anfarwol Llew Llwyfo – Lewis William Lewis o Lanwenllwyfo, Môn, a ganodd benillion yn yr 'hen ddull Cymreig'.

Er i Bencerdd Gwalia ganu ambell i alaw draddodiadol wedi ei threfnu ganddo yn arddull 'Eidalaidd' poblogaidd y cyfnod, alawon estron i ddiwylliant Cymru oedd gweddill ei gyfraniadau i'r cyngherddau hwyrol megis 'In Imitation of the Mandolin', 'Autumn' a 'Pensive and Joyous'. Y 'Pencerdd' hwn yn anad neb arall fu'n gyfrifol am ddylanwadu ar y cenedlaethau canlynol o delynorion Cymru. Trodd ei gefn i bob pwrpas ar y delyn Gymreig ac yn arbennig ar y dull traddodiadol o ymdrin â'r alawon. Mae ei ddylanwad ar fyd y delyn yng Nghymru yn dal yn fyw hyd heddiw.

Yn wahanol i aelodau eraill o'r teulu ymddengys bod Owen Jones, Telynor Seiriol, wedi glynu wrth yr hen delyn deires Gymreig drwy gydol ei oes. Nid oes

But it was not only as a competitor that Telynor Seiriol took part in the eisteddfod because we read that:

The Orsedd

On Wednesday Telynor Seiriol Llannerch-y-medd accompanied the penillion singing of Eos Môn

. . . and on Thursday – this time in his old Welsh costume accompanied Eos Môn . . .

It is interesting to note that many of the great names in the contemporary harp tradition in Wales were present in the Bangor Eisteddfod. Men like John Elias Davies, Telynor y Gogledd and John Thomas, Pencerdd Gwalia. Telynor y Gogledd was a true Welsh harper and accompanied the immortal Llew Llwyfo – Lewis William Lewis of Llanwenllwyfo – who sang *penillion* in the traditional Welsh way (*yr hen ddull Cymreig*).

John Thomas played several Welsh airs arranged in the 'Italian Style', which was currently popular. However, the remainder of his contribution to the evening concerts was completely foreign to the Welsh tradition and consisted of items such as 'In Imitation of the Mandolin', 'Autumn' and 'Pensive and Joyous'. This 'Pencerdd' – Chief Musician – turned his back on the Welsh harp and, more importantly, on the traditional way of playing Welsh airs. He, more than anyone else, is responsible for influencing generations of Welsh harpists and his influence continues to this day.

In contrast to other members of his family, Owen Jones, Telynor Seiriol, played the Welsh triple harp throughout his life and there was never a time when he played a pedal harp in public. As a result he was one of the Welsh harpers who pleased the Honourable Augusta Hall, Lady Llanofer, Gwenynen Gwent, who worked tirelessly throughout her life to support the national instrument. It is known that Telynor Seiriol visited *Llanofer Hall* several times and that Gwenynen Gwent 'fell in love with him'. Remember that the daughter of Gwenynen Gwent, Augusta Charlotte Elizabeth, was also known as Gwenynen Gwent yr Ail – the Second Gwent Bee. Such a relationship is far more likely to have been with the daughter, than with the aged Lady Llanofer. It is said that he accepted a beautiful ring from Augusta as a mark of her affection. He was considerably younger than she and something of a 'ladies' man' – nothing came of the relationship.

unrhyw gofnod iddo ganu'r delyn bedal yn gyhoeddus. Oherwydd hyn roedd yn un o'r telynorion Cymreig prin hynny a blesiodd yr Anrhydeddus Augusta Hall, Arglwyddes Llanofer, Gwenynen Gwent, un a frwydrodd mor galed drwy gydol ei hoes i adfer gwir offeryn cenedlaethol ein gwlad. Deëllir bod Telynor Seiriol wedi ymweld â *Phlas Llanofer* sawl tro a bod Gwenynen Gwent 'wedi syrthio mewn cariad' ag ef. Cofier bod merch yr hen Arglwyddes, sef Augusta Charlotte Elizabeth, hefyd yn cael ei hadnabod fel Gwenynen Gwent yr Ail ac yn y cyswllt hwn mae'n llawer mwy tebygol mai hi oedd wedi 'mopio ei phen' â'r telynor ifanc ac nid ei mam oedrannus. Yn ôl pob tebyg derbyniodd fodrwy go arbennig ganddi fel prawf o'i chariad tuag ato. Ond ac yntau yn iau na hi ac yn dipyn o 'ledis man' ni ddatblygodd unrhyw berthynas rhwng y ddau.

Augusta Charlotte Herbert, Gwenynen Gwent yr Ail.
Augusta Charlotte Herbert, the second Gwent Bee.

"... Roedd na sôn fod Yncl Owen yn caru hefo Ledi Llanofer ond toedd o ddim yn licio hi – hi oedd ishio fo!"
"... It was said that Uncle Owen was having an affair with Lady Llanofer but he was not attracted to her, it was she who was attracted to him!"
Maggie Ann Jones

"... Roedd 'Nain *Marcwis*' yn deud fod Owen Jones yn ddyn del ofnadwy – y merchaid i gyd yn syrthio amdano fo ..."
"...'Nain *Marcwis*' used to say that Owen Jones was a very handsome fellow – all the girls fell for him ..."
Idwal Owen

"... Mi oedd gin Owen Jones, Telynor Seiriol, wisg Gymreig arbennig a dwi'n cofio honno yn y 'Marcwis'. Roedd 'na wasgod o liw 'maroon' neu biws tywyll, clôs penglin, crys, ffrils ar y garddyna' a 'sgidia', bycla' arian aryn nhw. Tebyg ydi y bydda' fo'n gwisgo 'hein ar adega' arbennig – fel ym '*Mhlas Llanofer*' a phan oedd o ar yacht y 'Britannia'. Bydda' hen wraig y 'Marcwis' yn deud pan fydda' 'na Noson Lawen neu gonsart yn Llanofer mi fydda' pawb yn eu gwisgoedd Cymreig."
"Owen Jones, Telynor Seiriol, had a special Welsh costume and I remember it in the 'Marquis'. There was a maroon or dark purple waistcoat, knee breeches, a shirt with frills at the wrist and shoes with silver buckles.
It is likely that he would wear these on special occasions – on visits to '*Llanofer Hall*' and when he went on the Royal Yacht 'Britannia'. 'Nain Marcwis' used to relate that when there was a 'Noson Lawen' or concert in Llanofer everyone would wear the Welsh costume."
Idwal Owen

Thomas Gruffydd, 1816-1887, Telynor Teulu *Plas Llanofer*.

Thomas Gruffydd, 1816-1887, Domestic Harper at *Llanofer Hall*.

Yng Nghyfarfod Abertawe 1885 (cyfarfod i roi 'hwb i'r deires'), y cawn wybod am y cyswllt cyntaf rhwng Telynor Seiriol a thraddodiad Llanofer. Yn y cyfarfod hwnnw bu band o dair ar ddeg o delynau Cymreig yn rhoi datganiad a'r tebyg yw fod Telynor Seiriol a'i frodyr ifanc o'r Llan yn rhan o'r 'band of harpers' y diwrnod hwnnw. Tystia llythyr ei dad i lwyddiant Telynor Seiriol a'i ddau frawd yng Nghyfarfod Abertawe.

Flwyddyn yn ddiweddarach cafodd ei alw i wasanaethu yn Eisteddfod Caerwys – gŵyl a oedd â 'stamp' Llanofer yn drwm arni.

Mewn cystadleuaeth i delynorion o'r Gogledd cipiodd Telynor Seiriol yr ail wobr. Yr alaw osod oedd 'Y Bardd yn ei Awen' ynghyd ag amrwyiadau. Ei frawd Robert, Y Telynor Cymreig, a orfu.

Ar ddechrau'r 80au bu Telynor Seiriol yn delynor swyddogol i'r Ffiwsilwyr Brenhinol Cymreig gan wasanaethu gyda'r fyddin hyd 1883. Yn Eisteddfod Genedlaethol Lerpwl, 1884, galwyd arno i ganu ei delyn yn yr Orsedd ac yn y cystadlaethau canu penillion. Yn ei lyfr *Cerdd Dannau* cyfeiria'r awdur, Robert Griffiths, at y telynor ac at hynodrwydd y gystadleuaeth canu penillion a gafwyd yn yr eisteddfod honno wrth ymdrin â hanes John Williams, Eos Môn, Llannerch-y-medd,

... Y flwyddyn cynt, 1884, yr oedd yn cystadlu yn Eisteddfod Genedlaethol Lerpwl a gwelsom yno olygfa nad oes obaith i ni na neb arall fyth ei gweled eto. Boreu ddydd Mawrth, yn y gystadleuaeth gyntaf gyda'r tannau yr oedd ar y llwyfan yn sefyll yn daclus ar yr ochr dde i delyn deir-rhes Telynor Seiriol, res o ddatgeiniaid enwog.

It was at the Swansea Meeting in 1885, a meeting to promote the Welsh triple harp, that we are aware of the first contact between Telynor Seiriol and the Llanofer tradition. In this meeting a band of thirteen Welsh harpers performed and it is likely that Telynor Seiriol and his young brothers from the 'Llan' were members of this band. A letter of his father testifies to the success of Telynor Seiriol and his two brothers at the Swansea Meeting.

A year later Telynor Seiriol was called to support the Caerwys Eisteddfod – a festival on which the stamp of Llanofer lay heavily.

In a competition for harpers from North Wales, Telynor Seiriol won second prize while his brother Robert, Y Telynor Cymreig, took the first prize. The set melody was 'Y Bardd yn ei Awen' with variations.

John Thomas, Pencerdd Gwalia (1826-1913).

Ganwyd y telynor a'r cyfansoddwr adnabyddus hwn ym Mhen-y-bont ar Ogwr. Dechreuodd ar y delyn Gymreig, ond wedi dyrchafu ei hun yn delynor llwyddiannus yn y byd clasurol, trodd ei gefn i bob pwrpas ar hen delyn ei wlad. Mawrygwyd ef gan Gymry parchus Oes Fictoria a byd eisteddfodol y cyfnod, ond nid felly gan garedigion ein hofferyn cenedlaethol.

Roedd Arglwyddes Llanofer yn hynod ddig wrtho am anwybyddu'r delyn deires Gymreig a phurdeb ein halawon traddodiadol. Gwrthwynebai'n gryf ei 'Italianising or Frenchifying of national melodies'. Meddai wrtho am gerddorion Almaenig, 'They appreciate their own music and do not allow it to be murdered or disguised.'

Efallai na fyddai'r hen Arglwyddes yn hollol hapus gyda brodyr y *Britannia* 'chwaith, oherwydd heblaw am Owen, Telynor Seiriol, canai Robert a William ac o bosibl eu tad, John Jones, y delyn bedal yn ogystal â'r deires yn ddiweddarach yn eu gyrfa. Beth bynnag am hynny, yn wahanol i'r Pencerdd, dehonglwyd ganddynt hen alawon Cymru yn eu dullwedd syml a phur bob amser – yn unol â'r traddodiad wrth gwrs.

John Thomas, Pencerdd Gwalia (1826-1913).

John Thomas, the famous harpist and composer was born in Bridgend. He first learnt on the Welsh harp, but after becoming a successful harpist in the classical tradition, he turned his back on the old harp of his country. He was held in high regard by the Welsh Victorian middle-class and those of the contemporary eisteddfod world but not by the lovers of the Welsh national instrument.

Lady Llanofer was particularly critical of him for ignoring the Welsh harp and the purity of our traditional airs. She strongly opposed his 'Italianising or Frenchifying of national melodies'. Of the German musicians she told him, 'They appreciate their own music and do not allow it to be murdered or disguised.'

Lady Llanofer would not have been too happy with the sons of the *Britannia* because apart from Owen, Telynor Seiriol, Robert and William and possibly their father, also played the pedal harp later in their lives. However, unlike the 'Pencerdd' they always interpreted the old Welsh airs in the simple and pure forms according to the tradition of course.

The Flintshire Observer

Thursday, September 2nd, 1886

In order to encourage the use of the Welsh harp as the domestic instrument of the Principality, Lady Llanover (Gwenynen Gwent), gave very handsome prizes for competition, beside sending over at her own expense, Gruffydd (harper by special appointment to the Prince of Wales and the Llanover family), and a Welsh choir from Swansea, conducted by Dr. Joseph Parry.

The Gorsedd

The first meeting in connection with the Eisteddfod took place in brilliant weather on Tuesday, when the Gorsedd was opened at Bryn Deiniog ... Some quaint penillion having been sung by Eos Ebrill, accompanied on the harp by Telynor Seiriol, bardic addresses were recited by Mynyddwr, Gomerydd

. . . Tuesday Evening's Concert

The first concert in the spacious marquee, capable of seating between four and five thousand persons, and erected in a field adjoining the Piccadily Inn, was held on Tuesday eveing . . . There was a tolerably good attendance . . . and as the president of the meeting (Major Mainwaring of Galltfaen) was escorted to the platform . . . Gruffydd, the celebrated blind harpist and his eight pupils played a selection of Welsh national airs. The aged harpist was adorned with a number of medals gained by him at various Eisteddfodau, whilst the ladies of the congregation were attired in Welsh costumes, a simple and becoming attire which was also worn by other ladies who occupied seats on the platform.

. . . Idris Fychan and Iolo Trefaldwn having given excellent illustrations of the ancient method of penillion singing, to the Welsh harp accompaniment, played by Telynor Seiriol, the Arch-druid (Clwydfardd), delivered an address on the ancient minstrelsy of the Principality.

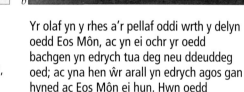

a

b

Rhaglen Testunau Eisteddfod Caerwys 1886.
List of Competitions, Caerwys Eisteddfod 1886.

Uchod ar y dde: Gorsedd Eisteddfod Genedlaethol,
Lerpwl, 1884. Y telynor yw Owen Jones, Telynor
Seiriol.
Above, right: The Gorsedd of the National
Eisteddfod, Liverpool, 1884. The harper is Owen
Jones, Telynor Seiriol.

Yr olaf yn y rhes a'r pellaf oddi wrth y delyn
oedd Eos Môn, ac yn ei ochr yr oedd
bachgen yn edrych tua deg neu ddeuddeg
oed; ac yna hen ŵr arall yn edrych agos gan
hyned ac Eos Môn ei hun. Hwn oedd
Hedydd Môn. Ond hyn sydd hynod, yr oedd
y ddau hen ŵr yn ddau daid i'r bachgen
oedd yn canu rhyngddynt. Y bachgen
hwnnw erbyn hyn a elwir 'Ŵyr yr Eos'
canwr da ac yn yr eisteddfod a nodwyd yr
oedd yn cystadlu ac yn ymryson canu gyda'r
tannau yn erbyn ei ddau daid . . .

Dyma dystiolaeth bendant i amlygrwydd
gwŷr Llannerch-y-medd ym mwrlwm
diwylliannol byd eisteddfodol y cyfnod.

Bu Telynor Seiriol am gyfnod yn astudio
yng *Ngholeg Cerdd y Guildhall*, Llundain.
Anfonwyd ef yno gan ei dad, Telynor

At the beginning of the 80s Telynor
Seiriol was the official harper to the
Royal Welsh Fusiliers in which he
served until 1883. In the Liverpool
National Eisteddfod, 1884, he was
called upon to play in the Orsedd and
in the *penillion* singing competition. In
his book *Cerdd Dannau* the author,
Robert Griffiths, refers to the harper
and the uniqueness of the
competition. He tells of the first
competition on Tuesday morning
where standing on the stage there was
a row of distinguished competitors.
Telynor Seiriol was at one end of the
row and Eos Môn at the other. At the
side of Eos Môn was a young lad of
twelve and then Hedydd Môn, about
the same age as Eos Môn. But what

was amazing was that the young boy, Ŵyr yr Eos, was competing against his two grandfathers. Here is certain evidence of the prominence of the men of Llannerch-y-medd in the cultural world of the eisteddfod at that time.

Telynor Seiriol studied for a period at the *Guildhall College of Music* in London where he was sent by his father, Telynor Môn, who recognised the unique talent of his son and wished to give the young harper the opportunity to develop this talent and to become a distinguished harper and musician. Who can say, perhaps it was his ambition to see the young harper imitate the achievements of Pencerdd Gwalia and become one of the most influential harpers of his generation, bringing honour and further distinction to his family and his locality.

In London, Owen Jones' circle of friends included many who were distinguished harpists such as Madame Josephine Chatterton and John Thomas, Pencerdd Gwalia, who was at that time the Professor of Harp in the *Guildhall*. But it appears that the young harper from Anglesey was not happy with the musical education he was receiving. Perhaps he did not conform to the formal and restrictive teaching he received in the college. It was necessary for him to turn his back on the harp of his people – the Welsh triple harp – which was replaced by the golden pedal harp on which he played 'music of worth' – and on his right shoulder.

Môn. Gwyddai'r hen ŵr yn iawn fod talent unigryw gan ei fab ac roedd am iddo wneud yn fawr o'r cyfle i ddatblygu fel telynor a cherddor o bwys. Pwy a ŵyr, efallai, ei bod yn uchelgais ganddo weld y telynor ifanc yn efelychu gorchestion Pencerdd Gwalia gan ei ddyrchafu ei hun i fod yn un o delynorion mwyaf dylanwadol ei genedl gan ddwyn clod a bri pellach i'w deulu ac i fro ei febyd.

Yn ninas Llundain trodd Owen Jones mewn cylchoedd pur uchel gan gymdeithasu ag enwogion byd y delyn megis Madame Josephine Chatterton a John Thomas, Pencerdd Gwalia, wrth gwrs a oedd bryd hynny yn Athro Telyn yn y *Guildhall*. Ond tebyg yw nad oedd y telynor ifanc o Fôn yn orhapus â'r addysg gerddorol a dderbyniai yn Llundain. Efallai iddo fethu â chydymffurfio â'r drefn ffurfiol rwystredig a geid yn y coleg. Yma roedd yn rhaid cefnu ar yr hen delyn Gymreig 'wladaidd'. Rhaid oedd ymarfer cerddoriaeth o 'safon' ar delyn bedalog euraidd – a hynny ar yr ysgwydd dde.

Digon tebyg fu profiad Nansi Richards, Telynores Maldwyn, flynyddoedd yn ddiweddarach, fel yr adroddwyd ganddi:

". . . fues i'n y Guildhall, Llundain am dipyn, ond o'n i'm yn licio'n athrawes yno . . . Mi ddois adre . . . Ond y peth gollodd fy amser yn Llundain oedd hi yn deud 'You cannot play the treble with your left hand. You must reverse'. A mi gymrodd fisoedd i mi ddysgu rifyrsio. Yn y diwedd o'n i'n gedru chwarae'r alaw efo'r ddwy law ond yn ôl byth er hynny i'r chwith."

(Tâp Amgueddfa Werin Cymru. Holwr Roy Saer.)

Ac yntau'n dipyn o 'ferchetwr' ac yn hoff

Madame Josephine Chatterton.

De Right:
Gwilym Cowlyd, William John Roberts (1828-1904).

De, isod: Llythyr Telynor Seiriol at Gwilym Cowlyd yn cynnig ei wasanaeth yng nghyfarfod 'Yr Arwest', Gorffennaf, 1880.
Below, right: Telynor Seiriol's letter to Gwilym Cowlyd offering his services for the forthcoming 'Arwest' meeting in July, 1880.

a

b

ARWEST GLAN GEIRIONYDD

Sefydlwyd yr Arwest gan Gwilym Cowlyd, William John Roberts (1828-1904), fel gwrth eisteddfod gan y gwrthwynebai ef a nifer o'i gyfeillion dueddiadau'r orsedd ac yn enwedig y Seisnigeiddio a ddigwyddai yn y cyfnod.

Cynhaliwyd yr Arwest gyntaf ar lan Llyn Geirionydd, Awst 5, 1863, a pharhaodd am ddeugain mlynedd wedyn. Denodd nawdd gan foneddigion ac yn eu plith roedd Arglwyddes Llanofer a gynigiodd ei nawdd yn 1876 ar yr amod bod popeth yno i'w ddwyn ymlaen yn Gymraeg a hefyd na ddylid defnyddio ond y delyn deires. Nid oedd un delyn bedal i'w defnyddio.

ARWEST GLAN GEIRIONYDD

A literary and musical competition

The Arwest was established by Gwilym Cowlyd, William John Roberts (1828-1904), as an anti-eisteddfod because he and a number of his friends opposed the partiality of the Gorsedd and especially the tendency to anglicise which was prevalent at the time.

The first Arwest was held on the banks of Llyn Geirionydd, August 5, 1863, and continued for forty years. It attracted sponsorship from the gentry amongst whom was Lady Llanofer who offered her sponsorship in 1876 . . . on the understanding that everything in the eisteddfod went on in Welsh and only the triple harp should be used. No pedal harp was to be used.

His experience was similar to that of Nansi Richards, Telynores Maldwyn, years later. She told Roy Saer of the Museum of Welsh Life at St Fagans of how she went to the *Guildhall* for a period but did not like the teacher there. She came home. What wasted her time in London was the teacher insisting, 'You cannot play the treble with your left hand. You must reverse.' It took her months to reverse and in the end she could play the treble with both hands but afterwards she went back to playing the treble with her left hand.

Telynor Seiriol took advantage of the opportunity to live life to the full in London. A lover of strong drink he enjoyed partying into the early hours and the opportunity to learn the fashionable new dances in the arms of the flighty young ladies of the big city. It is little wonder that the money did not last and it was necessary for the 'prodigal' to return to the arms of his father who, when he discovered how Owen had been spending his time, was more than a little angry. A waste of time, a waste of money but more importantly a waste of opportunity to extend his horizons which were suggesting a glittering future. The answer of the young harper was that he did not wish to learn more than he had been taught by his 'Uncle Owen' from Holyhead and on the hearth of the *Britannia*.

The troubled waters were calmed and the muses were reawakened as Telynor Seiriol won numerous prizes in eisteddfodau and appeared in concerts throughout the country.

In 1893, came an invitation to attend the eisteddfod at the World Fair in Chicago but he was unable to go because of an attack of influenza. It is not known whether Telynor Seiriol was to serve as harper in the *Orsedd* or to be a competitor in the eisteddfod.

The name of Pencerdd Gwalia was very evident in the musical activities of the Chicago Eisteddfod. In one of the principal concerts there appeared one Madame Chatterton – who performed with her band of harps. Telynor Seiriol had met her in London. She later became the Director of Harp at the *Chicago College of Music*.

Telynor Seiriol shared the stage once again with Pencerdd Gwalia in 1894, when he visited the National Eisteddfod at Caernarfon. In the programme we read:

Artists engaged were:

Harpists: Mr. John Thomas (Pencerdd Gwalia) Harpist to Her Majesty the Queen

Miss Annie Hughes (Telynores Menai)

Welsh Triple Harp – Mr. Owen Jones (Telynor Seiriol)

During the eisteddfod Telynor Seiriol performed before the Prince of Wales (later Edward VIII) and his family. It is a matter of conjecture as to whether Telynor Seiriol was a member of Pencerdd Gwalia's 'Band of Harps'.

Pencerdd Gwalia's Band of Harps played Gounod's 'Marche Solomnelle' and 'The March of the Men of Harlech' before the Prince of Wales

o'r ddiod gadarn mae'n debyg fod Telynor Seiriol wedi manteisio ar y cyfle i fyw bywyd i'r eithaf' tra bu'n Llundain. Yno ceid partïon gwyllt hyd oriau mân y bore a chyfle i ddysgu camau newydd dawnsfeydd ffasiynol y dydd ym mreichiau genod penchwiban y ddinas ddrwg honno. Doedd ryfedd na pharodd yr arian yn hir a dychwelyd i dŷ ei dad bu raid i'r mab afradlon. Pan ddaeth ei dad i wybod y gwir am sut y treuliodd Owen ei amser yn Llundain roedd yn hynod ddig. Gwastraff amser, gwastraff arian ac yn bennaf oll gwastraffu cyfle i ehangu gorwelion a allasai fod wedi golygu dyfodol gwir ddisglair. Ond chwedl y telynor ifanc, nid oedd arno eisiau dysgu mwy na'r hyn a ddysgwyd ganddo eisoes gan 'Yncl Owen' o Gaergybi ac ar hen aelwyd y *Britannia*.

Tawelodd y dyfroedd ac ailgydiodd Telynor Seiriol yn yr awenau gan gipio gwobrau lu mewn eisteddfodau a chynnal cyngherddau ledled y wlad. Yn 1893, daeth gwahoddiad iddo fynychu Eisteddfod Ffair y Byd, Chicago. Methodd â mynd oherwydd roedd yn drwm dan y ffliw. Ni wyddys a oedd i wasanaethu'r orsedd yn yr eisteddfod hynod honno ynteu mynd yno fel cystadleuydd.

INSTRUMENTAL

16. Welsh Harp (Triple-stringed) Competition, "Pen Rhaw", with variations – Arranged by John Thomas (Pencerdd Gwalia) $50.00

Roedd enw Pencerdd Gwalia yn amlwg iawn yn holl weithgareddau cerddorol Eisteddfod Chicago. Yn un o'r cyngherddau mawreddog ymddangosodd

un y cyfarfu Owen Jones â hi yn Llundain sef Madame Chatterton a'i band telynau. Hi bellach oedd cyfarwyddwraig Telyn, *Coleg Cerdd Chicago*.

Rhannodd Telynor Seiriol y llwyfan unwaith yn rhagor â Phencerdd Gwalia yn 1894, pan ymwelodd yr Eisteddfod Genedlaethol â thref hynafol Caernarfon. O raglen y dydd ceir y canlynol:

Artists engaged were:

Harpists: Mr. John Thomas (Pencerdd Gwalia) Harpist to Her Majesty the Queen

Miss Annie Hughes (Telynores Menai)

Welsh Triple Harp – Mr. Owen Jones (Telynor Seiriol)

Eisteddfod Genedlaethol Bangor, 1902, gydag
Owen Jones, Telynor Seiriol, wrth y delyn.
Tynnwyd y tri llun gan John Wickens, ffotograffydd
o Fangor, a gafodd ei dderbyn yn aelod o'r Orsedd
yn yr eisteddfod hon ac adwaenid ef fel Gwawl
Lunydd.
Gorsedd of the National Eisteddfod of Wales –
Bangor, 1902. Owen Jones, Telynor Seiriol, is the
harper.
These three photographs were taken by John
Wickens of Bangor, who was accepted into the
gorsedd under the bardic name of Gwawl Lunydd.

Perhaps Owen Jones and his Welsh harp made an impression on the Prince of Wales at the Caernarfon Eisteddfod because it is known that during this period he was invited to entertain the Royal Family on the yacht *Britannia*.

The National Eisteddfod Bangor, 1902, was an eisteddfod to be remembered by the harpers from the *Britannia*. Robert Jones, Y Telynor Cymreig, and his younger brother William, Telynor Gwalia, came to the fore and Telynor Seiriol's harp could be heard in many of the activities of the Orsedd. At its meeting on Tuesday, 9th September, when Cadrawd Hardd – the Marquess of Anglesey – was admitted to the *Orsedd*, Telynor Seiriol was the harper who accompanied the *penillion* singer, Eos y Gogledd.

When Owen Jones was not wandering hither and thither with his harp he could be found in his workshop next door to the *Britannia*. By trade he was, like his younger brother Robert, Y Telynor Cymreig, a tailor. Owen was the cutter.

During the closing years of his life Telynor Seiriol turned to faith and gave up many of the 'pleasures of this life'. He joined the Order of the Holy Templars. He was secretary of the local branch and a member of the brass band of the movement and played the cornet. He was also a zealous member of the Baptist Chapel, which he had to leave suddenly one Sunday afternoon in April, 1906, because he felt unwell. On his way

Yn ystod yr eisteddfod perfformiodd Telynor Seiriol o flaen Tywysog Cymru (Edward VIII yn ddiweddarach) a'i deulu. Tybed a oedd y telynor ifanc o'r Llan yn rhan o 'Band of Harps' Pencerdd Gwalia.

Pencerdd Gwalia's Band of Harps played Gounod's 'Marche Solomnelle' and 'The March of the Men of Harlech' before the Prince of Wales.

Efallai i Owen Jones a'i hen delyn Gymreig wneud argraff ar Dywysog Cymru yn Eisteddfod Caernarfon oherwydd gwyddys yn ystod y cyfnod hwn iddo gael gwahoddiad i ddiddori'r Teulu Brenhinol ar fwrdd yr iot *Britannia*.

Roedd Eisteddfod Genedlaethol Bangor, 1902, yn eisteddfod i'w chofio i delynorion y *Britannia*. Daeth Robert Jones, Y Telynor Cymreig, a'r brawd ieuangaf William, Telynor Gwalia, i'r brig ac roedd telyn Telynor Seiriol i'w chlywed yn fynych yng ngweithgareddau'r Orsedd fel y gwelir yn y cyfansoddiadau:

Yn yr Orsedd fore Mawrth, Medi 9 ym Maes Lleiniau . . .

Datgeiniad Swyddogol oedd: W.O. Jones Eos y Gogledd

Telynor: Telynor Seiriol

Wedi i W.O. Jones ganu penillion a Thelynor Seiriol yn cyfeilio gyda'r tannau rhoddwyd urdd anrhydeddus i Ardalydd Môn yr hwn a adnabyddir o hyn allan fel 'Cadrawd Hardd'

Pan nad oedd Owen Jones yn crwydro yma a thraw gyda'i delyn ceid hyd iddo yn y gweithdy drws nesaf i'w gartref y *Britannia*. Teiliwr oedd yntau fel ei frawd ieuangaf Robert, Y Telynor Cymreig. Owen oedd y '*cutter*'.

Yn ystod blynyddoedd olaf ei fywyd byr

W. O. Jones, 'Eos y Gogledd'. Canwr penillion poblogaid ei gyfnod a fu'n canu'n aml i gyfeiliant telyn Telynor Seiriol.

W. O. Jones, 'Eos y Gogledd'. This popular *penillion* singer often sang to the accompaniment of Telynor Seiriol's harp.

rhoddodd Telynor Seiriol heibio nifer o 'bleserau'r byd' a throdd at grefydd gan ymuno ag Urdd y Temlwyr Da. Ef oedd ysgrifennydd y gangen leol ac roedd yn aelod o seindorf y mudiad lle y canai'r cornet. Roedd hefyd yn aelod selog o Gapel y Bedyddwyr ac un Sul ym mis Ebrill, 1906, gorfu iddo fynd allan o gyfarfod y prynhawn oherwydd iddo deimlo'n wael. Ar ei ffordd adref galwodd i weld y meddyg ond ychydig oriau yn ddiweddarach bu farw ar ôl dioddef trawiad ar y galon. Yn ôl un llygad-dyst,

Noson Lawen ym *Mrynhafod*, Llannerch-y-medd, a Thelynor Seiriol yn trin y tannau.
An evening's entertainment at *Brynhafod*, Llannerch-y-medd. The harper was Telynor Seiriol.

Bu Telynor Seiriol yn diddanu aelodau y Cwrdd Clebran neu'r Ymgomfa ym Miwmares ar 14 Rhagfyr, 1904, ac am ei berfformiad fe dalwyd iddo y swm dyledus iawn o bymtheg swllt a threuliau!
For entertaining the members of a certain Welsh Literary society at Beaumaris on the 14th of December, 1904, Telynor Seiriol received the very respectable sum of 15 shillings plus expenses.

Roger Williams, *Ty'n Ffrwd*, awgrymodd rhywun y dylid rhoi diferyn o frandi i'r claf yn y gobaith y byddai'n ei adfer. Ni wnaethpwyd hynny oherwydd i ryw ddirwestwr arall fynegi pryder y byddai'n debyg o droi at y ddiod gadarn unwaith eto! Ar lafar gwlad y gred hyd heddiw yw y gallasai'r diferyn brandi hwnnw fod wedi achub y telynor druan. Pwy a ŵyr?

Rhyw gwta wythnos cyn ei farwolaeth gwnaeth ei ymddangosiad cyhoeddus olaf mewn cyngerdd yn Nghaergybi ac isod ceir hanes y cyngerdd.

Y Clorianydd
19 Ebrill, 1906
Cystadlu yng Nghaergybi

Yn y neuadd drefol, nos Fawrth, cynhaliwyd cyfarfod cystadleuol blynyddol Ysgol Sabothol y Tabernacl. Yr oedd y neuadd eang yn orlawn. Yr oedd amryw o bethau yn cyfrif am boblogrwydd y cyfarfod eleni. Yn un peth, diau fod presenoldeb Mr. Ellis O. Griffiths, Yr Aelod Seneddol yn atyniad mawr.

Hefyd yr oedd calon llawer Cymro yn hiraethu am gael clywed sŵn y delyn unwaith eto yn ein tref. Anaml y dyddiau hyn y clywir neb yn tynu mêl o'r tannau mân. Gwnaeth Telynor Seiriol, Llannerch-y-medd ei waith yn gampus. Cafodd ei chwareuad ardderchog o 'Ryfelgyrch Gwŷr Harlech' gymeradwyaeth uchel iawn.

Arweinydd y cyfarfod oedd R. Môn Williams. Wedi detholiad o alawon Cymreig ar y telynau nes gwefreiddio y dyrfa gan Delynor Seiriol a'r Arweinydd, aed ymlaen
. . .

Ceir hanes gyrfa a marwolaeth y telynor dawnus a hefyd hanes yr angladd eto rhwng tudalennau Y *Clorianydd*.

Y Clorianydd
26 Ebrill 1906
Marw Telynor o Fri

Taflwyd caredigion awen a thelyn i fraw a syndod pan ledaenwyd y newydd prudd o farw Telynor Seiriol. Brynhawn Sul diwethaf yr oedd yn yr Ysgol yng Nghapel y Bedyddwyr ond tua'i chanol aeth allan gan y teimlai yn wael. Galwodd gyda'r meddyg ar ei ffordd gartref. Erbyn chwech yr oedd wedi huno yn yr angau yng nghanol ei ddyddiau – 46 oed.

home he called at the doctor's house, but only a few hours later he died of a heart attack. The late Roger Williams, *Ty'n Ffrwd*, who was present at the time, recalled that someone suggested that Owen be given some brandy in the hope that it might revive him. This was not done for fear that it might re-awaken in him the desire for strong drink. In local folklore to this day there is the conviction that the drop of brandy would have saved him. Who knows?

Just two weeks before his death he made his last public appearance in a concert in Holyhead, in the annual competition of the Tabernacle Sunday School. The hall was packed and the presence of the town's Member of Parliament, Mr Ellis Griffiths was a great attraction. The report in Y *Clorianydd* (19 April 1906) went on to regret that rarely was the sound of the harp now heard in the town and those who longed to hear the harp's sweet sound were thrilled to hear Telynor Seiriol drawing honey from the fine strings of his harp. His outstanding performance of 'The March of the Men of Harlech' received high acclaim. The meeting was conducted by R. Môn Williams. Following a selection of Welsh airs on the harps by Telynor Seiriol and the conductor, which thrilled the audience, the meeting continued.

A week later the same newspaper, Y *Clorianydd*, carried the report of his death repeating the circumstances of his last hours and of the principal achievements of his relatively short

Odid y ceid neb mwy adnabyddus ar lwyfan eisteddfod na'r telynor a gwasanaethodd brif wyliau ei genedl yn fynych. Daliodd i fyny fri Llannerch-y-medd fel cartref y telynorion. Ers rhai blynyddoedd bellach yr oedd wedi ymaelodi yng Nghapel y Bedyddwyr ac wedi mynd â'r delyn gydag ef, yn aelod gyda'r Temlwyr Da, lle y bu o fawr wasanaeth.

Y mae cydymdeimlad mawr â'i hen dad, yntau yn delynor gwych. Bu farw ei fam tua dwy flynedd yn ôl. Cymerai yr angladd le brydnawn heddyw (Mercher). 'Cyfaill' a ysgrifenna o Gaergybi. "Brawychwyd y dref fore Llun gan y newydd."

Fel croniclwyd yn y 'Clorianydd' diwethaf, yr oedd yma yn gwasanaethu mewn cyfarfod llenyddol yn y Neuadd Drefol bythefnos yn ôl a dyma ei ymddangosiad cyhoeddus olaf ar y llwyfan.

Cafodd gymeradwyaeth wresog y gynulliad lluosog y noswaith honno a syn yw meddwl fod y bysedd a redai mor chwim hyd dannau y delyn wedi fferu heno yn yr angau.

Yn y dref hon gyda'i ewythr y dysgodd chwareu yr alaw gyntaf drwyddi pan yn ieuanc iawn, ac yma y chwaraeodd yr alaw olaf ar y llwyfan cyhoeddus. Yr oedd yn chwarae ar y delyn Gymreig, a enillwyd ganddo yn Eisteddfod Bangor 1874. Yr oedd wedi ei fagu â'r delyn yn ei ddwylaw ac yn sicr yn un o'r telynorion mwyaf medrus – yn bencampwr ar y delyn deires. Enillodd o wobrwyon pwysig a gwasanaethodd ym mhrif wyliau ei wlad gyda chymeradwyaeth a pharch. Mae gwlad gyfan mewn prudd-der oherwydd ei golli.

R. Môn Williams
Bardd, telynor, arweinydd cyngherddau a chyfaill agos i Owen Jones, Telynor Seiriol. Canodd ei delyn gyda Thelynor Seiriol ar ymddangosiad olaf ei gyfaill yng Nghaergybi ar 19 Ebrill, 1906.
R. Môn Williams
Poet, harper, concert Master of Ceremonies and a close friend of Owen Jones, Telynor Seiriol. He played along side his friend in a concert at Holyhead, on the 19th of April 1906. This was Telynor Seiriol's last public appearance.

Y Clorianydd

3 Mai, 1906

Angladd Telynor

Dydd Mercher ymgynullodd torf fawr i dalu'r gymwynas olaf i Mr. Owen Jones a fu farw mor sydyn y Sul cynt. Heblaw y teulu lluosog ceid amryw eisteddfodwyr a thelynwyr yn bresennol yn eu mysg Mr. R. Môn Williams, Telynores Cybi, Miss Stirrup etc. Yr oedd y diweddar delynor hefyd yn aelod blaenllaw gyda'r Temlwyr Da ac efe a weithredai fel trysorydd lleol yr Uwch Deml a cheid Cyfrinfa Cuhelyn yn ei arwyl yn eu hurddwisgoedd. Gwasanaethwyd wrth y tŷ gan y Parch. J.J. Richards, Amlwch, ac yn yr Eglwys gan y Parch. R. Davies, Ficer. Ar lan y bedd siaradwyd gan y Parchn R. Morris, J.J. Richards a J. Mills Jones a dygwyd tystiolaeth uchel i ymroddiad yr ymadawedig i waith crefyddol a chymdeithasol y blynyddau diweddaf. Siaradwyd hefyd gan Mr. R. Môn Williams yr hwn a ddatganodd golled llwyfan yr eisteddfod ar ôl y telynor adnabyddus.

Anfonasid pleth-dorchau prydferth iawn â rhai ar ffurf telyn gan Mri. John E. Hughes, Trigfa a James Hughes, Eccles, Mrs. Owen, (Telynores Cybi) Lerpwl, Miss Nana Stirrup, Llangefni, Mr. William Robert, garddwr, Llwydiarth Esgob, Miss J.A. Evans, Cerrig Cregyn etc.

Bu seremoni arbennig yn Eisteddfod Gadeiriol Môn Caergybi, 1912, lle y coffawyd nifer o feirdd a cherddorion yr ynys. Isod ceir dyfyniad o'r cyfansoddiadau:

Gosodwyd enwau beirdd a cherddorion ymadawedig i adgofio'r torfeydd o gyfoeth eisteddfodau Môn yn y gorffennol, a phrudd oedd darllen enw aml un annwyl life. The writer said that he was reared with a harp in his hands and was certainly one of the most talented harpers of his day; he was a champion of the Welsh triple harp. He closed by saying that the nation was sad at the loss.

On 3 May the report of his funeral appeared in *Y Clorianydd*. In addition to his extensive family there were many *eisteddfodwyr* and harpers present. The Order of the Knights Templar was represented and warm tributes were paid to Telynor Seiriol's memory.

At a special ceremony in the 1912 Chair Eisteddfod, Holyhead, Telynor Seiriol featured in the list of great and famous sons of Anglesey such as Goronwy Owen, Nicander, Lewis Morris, Y Bardd Coch and many others.

In the following weeks many englynion, the product of local poets, were printed in *Y Clorianydd*. Each one marked the huge loss felt by the local people at the death of their gifted harper.

sydd heddyw yn llwch y glyn. Ymysg yr enwogion a goffeid yr oedd Gruffydd Grug, Goronwy Owen, Lewis Morris, y Bardd Coch, Sion Brwynog, Nicander, Llew Llwyfo, Aled o Fôn, Andreas o Fôn, Buddug, Hwfa Môn, Machraeth Môn, Mechell, Dewi Môn, Gaerwenydd, Llanerchydd, Tudur, Monwyson, Trisant, Anarawd, Telynor Seiriol, Pencerdd Cybi, Morswyn, W. Nicholson, Ieuan Alaw, Eos Eilian, Bryn Ala, ac eraill.

Terfynir y bennod hon ar Owen Jones, Telynor Seiriol, gyda detholiad o englynion a ymddangosodd yn *Y Clorianydd* ychydig wedi ei farwolaeth. Cynnyrch beirdd lleol yw'r rhan fwyaf ohonynt – pob un yn mynegi hiraeth dirfawr ar ôl y telynor dawnus:

Hiraethus yw Cymru weithion, – aeth saeth
Siom yn ddwfn i'w chalon;
Chwerw fu marw, ym Môn,
Arwr y telynorion.

Y dwylaw ganai'r delyn – yn wyw sydd
Is âr oer y dyffryn;
Diau ni ro'es angau syn
Ymosodiad mwy sydyn

Fore Sul, fel difyr dant, – yn nheml Ion
Moliannai mewn nwyfiant;
Hwyr y dydd, ar hyfryd dant,
Gweai gân mewn gogoniant.

Wych wron, uwch ei weryd – awel Ion
Delynna'n gwyfanllyd;
Hawlia gof nes ail gyfyd – i chwarau
Heb olion beiau Alawon Bywyd.

Un wedi 'i eni'n delynydd ydoedd –
Awdwr cordiau celfydd;
A theimladaeth melodydd, mor hylon
I hen ganeuon rho'i ddiwyg newydd.

Alawon gwlad fy nhadau, yn eu swyn,
Aeth a'i serch yn forau;
Hudolai glust cenedl glau
A mwyn dôn y mein-dannau

Dydd ein 'Gŵyl', pa anwylyn – yn hafal
I'r llwyfan wnâi esgyn?
Gwrandawai torf, sylwai'n syn – mewn afiaeth
Y swynai dalaeth a seiniau'i delyn.

Cofnod trist rhwng cloriau Beibl y teulu.
The family Bible – a record of a father's heavy loss.

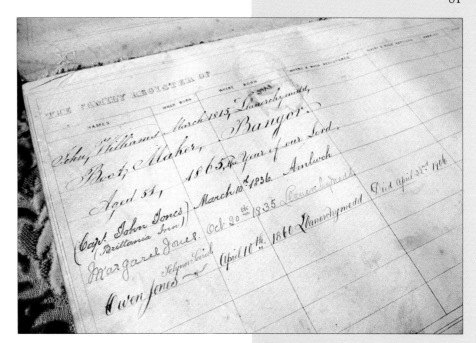

Carreg fedd Owen Jones, Telynor Seiriol, ym mynwent eglwys y llan, Llannerch-y-medd.
The gravestone of Owen Jones, Telynor Seiriol, in the churchyard of Llannerch-y-medd parish church.

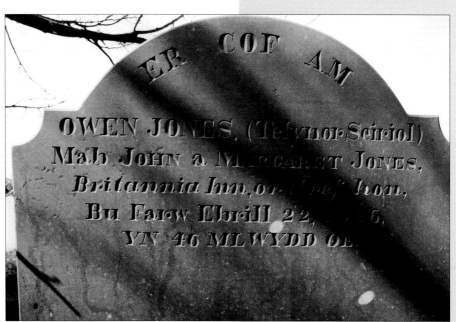

Y Telynor Cymreig
Robert Jones (1864-1930)

This is how Nansi Richards, Telynores Maldwyn (1888-1979), described Robert Jones, Y Telynor Gymreig or Bob *Britannia*, as he was sometimes known, when she once visited him

". . . Who came into the room having had 'one too many' but Robert Jones. He recognised me and, believe it or not, his eyes flooded with tears; he knelt before me and placed his cap at my feet even though I had not seen him since the Pwllheli Eisteddfod in 1907, when I was very young. He must have followed my career. Sentiment plays havoc with the heart of a real artist; Bob was an Artist."

Y Telynor Cymreig was born in 1864 in the *Britannia Inn*, Llannerch-y-medd. He was John Jones, Telynor Môn's third son, and the second to gain fame on the national instrument. He, like his elder brother, Owen, was taught to play the harp by his uncle in Holyhead and he soon became proficient in the art of playing the harp. Proof of this is that he gave of his services in the Wrexham Eisteddfod in 1876, although he was only a twelve year old boy. Thomas Hughes, Telynor Alaw, who lived in Menai Bridge at the time, played with him. He also had deep roots in the 'Llan' and had been taught by Telynor Môn.

Robert, like his brother, Owen, was a tailor by trade. His responsibility was sewing. The workshop, next door to the *Britannia*, has already been

Y Telynor Cymreig
Robert Jones (1864-1930)

Dyma'r hyn a ddywedodd yr enwog Nansi Richards, Telynores Maldwyn (1888-1979), am Robert Jones – Y Telynor Cymreig neu Bob *Britannia* fel yr adwaenir ef ar lafar gwlad, wrth ddisgrifio'i hymweliad ag ef unwaith.

". . . Pwy ddaeth i mewn i'r ystafell wedi cael 'un dros yr wyth', ond y fo (*Robert Jones*). Fe'm hadnabodd a choeliwch neu beidio torrodd yr argae yn ei lygaid; plygodd o'm blaen a rhoddodd ei gap wrth fy nhroed er nad oeddwn wedi ei weld ers Eisteddfod Pwllheli (1907). Ifanc iawn, iawn oeddwn i y pryd hynny, ond rhaid ei fod wedi dilyn hanes fy ngyrfa. Mae 'sentiment' yn chwarae hafoc efo calon gwir artist; roedd Bob yn Artist."

Ganwyd y Telynor Cymreig yn 1864 yn *Nhafarn y Britannia*, Llannerch-y-medd. Ef oedd trydydd mab John Jones, Telynor Môn, a'r ail i ennill enwogrwydd ar yr offeryn cenedlaethol. Dysgwyd yntau fel Owen, ei frawd hŷn, i drin y tannau gan ei ewythr o Gaergybi, a buan y daeth yn hyddysg â'r grefft o ganu'r delyn Gymreig. Prawf pendant o hyn yw'r ffaith ei fod yn gwasanaethu yn Eisteddfod Wrecsam, 1876, ac yntau ond bachgen deuddeg oed. Yn cyd-delynori ag ef roedd Thomas Hughes, Telynor Alaw, erbyn hynny yn byw ym Mhorthaethwy ond â'i wreiddiau yn ddwfn yn y Llan ac yn un a hyfforddwyd gan Delynor Môn.

Teiliwr wrth ei alwedigaeth oedd Robert, Y Telynor Cymreig, fel ei frawd Owen. Ef oedd yn gyfrifol am y gwaith gwnïo. Soniwyd eisoes am eu gweithdy y drws

Gyferbyn: Robert Jones, Y Telynor Cymreig, (1864-1930).
Opposite: Robert Jones, Y Telynor Cymreig, (1864-1930).

mentioned in the chapter on Telynor Môn. We know there was always a harp to hand in the workshop but there was a fiddle and flute there too. Y Telynor Cymreig was the expert on these instruments although he did not play them publicly, only for enjoyment and personal pleasure. It is easy to believe that some of the harpers and fiddlers of the Wood family would call at the workshop from time to time and that Robert Jones would be delighted to join in a session, fiddle playing in the wonderful company of such characters as the brothers Adolphus and Cornelius Wood and Charlie Wood, their close relation, who had settled in the 'Llan'.

After the death of William, Telynor Gwalia in 1914, Robert Jones would often walk from the Llan to the *Marquis* in Rhos-y-bol on Sunday mornings to have lunch with his brother's widow and her children. His niece, Maggie Ann, remembered how Uncle Robat used to sit on the old settle in the *Marquis*, always with one leg bent under him after the fashion of the traditional tailor. After lunch, Y Telynor Cymreig, would make his way to the *parlwr bach* to draw sweet sounds from the strings of the harp which had belonged to his late brother. Some Sunday afternoons the local people would call in to wonder at the master as he played the harp and sang some light hearted verses on well known airs such as 'Moel yr Wyddfa' and 'Llwyn Onn'.

In the excitement of the musical atmosphere which pervaded the *Britannia Inn* from the end of the last century until it closed in 1907, it was Y Telynor Cymreig who was at the centre of the many cultural activities and of the merriment of the *canu cylch* contests. Usually, he would be seated on a stool in the centre of the floor with his harp resting on his left shoulder and up to a dozen *penillion* singers sitting in a circle around him. Robert Jones would start with a 'Rounder'. This was the first air played on the harp and each of the singers was expected to sing a verse – usually a sharp witty one and 'slim' into the air or 'rounder'. Failing to think of a verse they would have to drop out of the contest circle. Towards the end of the evening only two or three of the most skilful would remain in the circle or *cylch*.

Those who remembered the greater number of verses or *penillion*, or better still, who were able to compose them there and then would be the winners in the competition.

This type of singing was very similar to the *penillion* singing which was practised by Morrisiaid Môn in their home about 150 years previously.

Y Telynor Cymreig and his brothers were steeped from an early age in the art of accompanying the traditional *penillion* singing found in the world of the eisteddfod. Airs such as 'Moel yr Wyddfa', 'Llwyn Onn' , previously referred to, as well as 'Serch Hudol', 'Pen Rhaw', 'Cainc y Datgeiniaid', 'Codiad yr Hedydd', 'Merch Megan'

nesaf i'r *Britannia* wrth ymdrin â hanes y tad, Telynor Môn. Gwyddom fod yn y gweithdy delyn wrth law bob amser ond yr oedd yno hefyd ffidil a ffliwt. Y Telynor Cymreig oedd y giamstar am ganu'r offerynnau hyn. Ni fyddai'n eu canu'n gyhoeddus fel y cyfryw; dim ond er diddanwch neu bleser personol. Hawdd y gallwn gredu i rai o delynorion a ffidleriaid teulu'r Woodiaid alw heibio'r gweithdy o bryd i'w gilydd ac y byddai'r hen delynor wrth ei fodd yn cael 'sesiwn' ar ei ffidil yng nghwmni cymeriadau lliwgar fel y brodyr Adolphus a Cornelius Wood, heb anghofio eu perthynas agos, Charlie Wood a oedd wedi ymgartrefu yn y Llan.

Wedi marwolaeth ei frawd William, Telynor Gwalia, yn 1914, byddai Robert Jones yn fynych ar fore Sul yn cerdded o'r Llan i dafarn y *Marcwis*, Rhos-y-bol, i gael cinio hefo gweddw ei frawd a'i phlant. Cofiai ei nith, Maggie Ann, fel y byddai 'Yncl Robat' yn arfer eistedd ar yr hen setal yn y *Marcwis* gydag un goes oddi tano bob amser – yn unol wrth gwrs â'r ddelwedd draddodiadol o ddeiliwr go iawn. Wedi'r cinio troai Y Telynor Cymreig am y parlwr bach i dynnu 'mil o leisiau melysion' o fola hen delyn deires ei ymadawedig frawd. Ambell i b'nawn Sul galwai rhai o drigolion yr ardal heibio'r dafarn i ryfeddu at ddawn y meistr wrth ymdrin â'r tannau ac i ganu ambell bennill ysgafn ar hen geinciau

Uchod ar y dde: Cornelius Wood yn Llannerch-y-medd. Isod: Llun ohono a dynnwyd yng nghyffiniau Llangefni.
Above, right: Cornelius Wood in Llannerch-y-medd. Below: A photograph of him taken in the locality of Llangefni.

ADOLPHUS WOOD
CORNELIUS WOOD
CHARLIE WOOD

Roedd Adolphus a Cornelius yn feibion i'r sipsi Cymreig Benjamin Wood. Gor-ŵyr i'r enwog Abram Wood oedd Benjamin ac fe'i claddwyd ym mynwent Eglwys Llannerch-y-medd yn 1909. Yno hefyd y gorwedd eu mam Caroline a fu farw yn 1913. Canai Benjamin y ffidil a chyfeilid iddo gan ei wraig ar y delyn.

Enillai Adolphus a Cornelius eu bywoliaeth fel ffidleriaid crwydrol yng ngogledd Cymru. Mae'n debyg i Adolphus fyw yn y Llan am gyfnod, oherwydd ar gofeb rhyfel y pentref ceir y canlynol:

Adolphus Wood, Water Street,
Tachwedd 28, 1915

Bu farw Adolphus o oerfel yn ffosydd y Dardanelles (nid yng ngwlad Belg, fel yr adroddir mewn ambell lyfr), ei ddillad glwybion wedi rhewi i'w gorff. Claddwyd yn un o fynwentydd y rhyfel, Bae Sulva, Twrci.

Yn ôl Nansi Richards, Telynores Maldwyn, roedd Cornelius yn dipyn o gymeriad. Cofiai hi ef un noson yn penlinio mewn gweddi i Dduw gan erfyn ar y Bod mawr i fendithio ei ffidil cyn iddo fynd i'w chanu ar y stryd y bore canlynol. Ei obaith oedd gwneud pentwr o arian i'w gadw mewn diogonedd am ddyddiau. Bu farw'r creadur yn Ysbyty'r Meddwl, Dinbych.

Galwai Adolphus a Cornelius yn aml yn siop 'peth da' Miss Roberts ar sgwâr Llannerch-y-medd, i gael bocsus siocled *Fry's* i wneud ffidlau. Dyma'r ffidlau a genir ganddynt yn y ddau lun uchod. Byddent yn mynd â nhw i'w tiwnio'n iawn at Owen Owen, Ap Ehedydd, un o ddatgeiniaid penillion enwog y pentref.

Perthynas i'r ddau frawd oedd Charlie Wood. Bu'n byw yn y Llan. Trigai yn 13 Farmers Street hyd at tua 1913. Roedd yntau fel y tylwyth yn hoff o'r awyr agored ac roedd yn bysgotwr a ffidlwr penigamp. Ambell waith, teithiai'r fro yn 'nhacsi' tad y diweddar Mr. Robert Rees, Llannerch-y-medd – llythrennau'r cerbyd arbennig hwnnw oedd U.N.U. – 'You need us'!

ADOLPHUS WOOD
CORNELIUS WOOD
CHARLIE WOOD

Adolphus and Cornelius were the sons of the Welsh gypsy, Benjamin Wood. He was the great grandson of the famous Abraham Wood and was buried in the churchyard in Llannerch-y-medd in 1909 where his mother, Caroline, is also buried. She died in 1913. Benjamin played the fiddle and his wife used to accompany him on the harp.

Adolphus and Cornelius made a living as itinerant fiddlers in North Wales. For a period Adolphus resided in Llannerch-y-medd and the War Memorial bears the following inscription:

Adolphus Wood, Water Street,
Tachwedd 28, 1915

Adolphus died of exposure in the trenches in the Dardenelles (not in Belgium as stated in some books) where his wet clothes had frozen to his body. He was buried in one of the war cemeteries in Sulva Bay, Turkey.

According to Nansi Richards, Telynores Maldwyn, Cornelius was quite a character. She remembered him one night kneeling in prayer to God pleading with the 'Great Being' to bless his fiddle before he went out to play it in the street the following day. His wish was to make a pile of money to keep him in plenty for the days ahead. The poor soul died in the Mental Hospital in Denbigh.

Adolphus and Cornelius often called in to Miss Roberts' sweet shop on the square in the Llan for '*Fry's*' chocolate boxes with which to make fiddles. They would take them to be properly tuned by Owen Owen, Ap Ehedydd, one of the famous 'penillion' singers of the village.

Charlie Wood was a relative of these two brothers and had lived in the Llan at 13 Farmers Street until around 1913. He, like the rest of the family, enjoyed the open air and was a renowned fisherman and fiddle player. Occasionally he would travel the area in the taxi owned by the late Mr. Robert Rees's father, Llannerch-y-medd – which had written upon its side the letters U.N.U. – 'You need us'!

Yr Hen Sipsiwn Cymreig (cyn 1914). Tri aelod o deulu'r Woodiaid (Cornelius, David ac Adolphus Wood) yn canu ffidlau wedi eu gwneud o focsus siocled a thelyn bedal, ond heb y peirianwaith! Sylwch ar y strap er mwyn cario'r delyn o le i le.

The Old Welsh Gypsies (before 1914). Three members of the Wood family (Cornelius, David and Adolphus Wood) playing fiddles made of chocolate boxes and the pedal harp, but lacking the mechanisms! Notice the strap used to carry the harp from place to place.

and many more were at their fingertips. Apparently, he was not himself a *penillion* singer but he thoroughly understood the intricacies of the art and he was a sensitive and knowledgeable accompanist. This enabled him to support a singer in the event of his failing to 'slim' or 'strike' into the air in the correct place.

It has been already noted that the Wrexham Eisteddfod, 1876, is where, for the first time, Y Telynor Cymreig gave his services as an accompanist. According to Bob Owen, Croesor, Y Telynor Cymreig was one of the harpers officiating in the National Eisteddfod, Cardiff, 1883 – the eisteddfod which angered the Honourable Augusta Hall, Lady Llanofer, because of the lack of respect shown to the triple harp. In the National Eisteddfod, Caernarfon, 1906, harpers who gave of their services were Y Telynor Cymreig, John Thomas, Pencerdd Gwalia, William R. Williams, Bethesda, Ap Eos y Berth.

Five years later in the Chair Eisteddfod Môn, Llannerch-y-medd, it is noted that Y Telynor Cymreig was joint harper with one of his pupils, Annie Thomas, Telynores Gwyngyll. Also present was his brother William, Telynor Gwalia.

Before moving to some of the eisteddfodic successes of Y Telynor Cymreig we turn once more to Nansi Richards, Telynores Maldwyn, and to what she said about Robert Jones in her entertaining book *Cwpwrdd Nansi* (p. 72):

adnabyddus megis 'Moel yr Wyddfa' a 'Llwyn Onn'.

Ym mwrlwm y diwylliant cerddorol a ffynnai yn *Nhafarn y Britannia* ar ddiwedd y ganrif ddiwethaf hyd at ei chau yn 1907, ymddengys mai'r Telynor Cymreig oedd canolbwynt hwyl yr ymryson canu cylch. Arferai eistedd ar stôl ar ganol y llawr gyda'i delyn yn gorffwys ar ei ysgwydd chwith a hyd at ddwsin o ddatgeiniaid yn eistedd mewn cylch o'i amgylch ar stoliau isel. Cychwynnai Robert Jones gyda'r 'Rowndar'. Hon oedd y gainc gyntaf i'w chanu gan y delyn a disgwylid i bob un o'r datgeiniaid ganu pennill – un digon ffraeth a phigog fel arfer, a'i 'slimio' i mewn i'r alaw neu 'rownder'. Pe methid cael pennill yna rhaid oedd gadael y cylch ymryson. Erbyn tua diwedd y noson dim ond rhyw ddau neu dri medrus fyddai ar ôl yn y 'cylch'. Y sawl a gofiai fwyaf o benillion neu gwell fyth, fedrai eu creu yn fyrfyfyr fyddai'n ennill y gystadleuaeth.

Dyma ychydig enghreifftiau o'r math o benillion a genid ganddynt.

Os wyt ti am ymryson canu
Wel cais dy stôl ac eistedd arni
Mi ymrysonaf tan y bora
Cyn byth y rhoddaf i ti'r gora

Sionyn gegin gegog
A lyncodd bedwar pennog
Ugain cwpaned o datws llaeth
Ac ugain brechdan driog

Tebyg yw dy lais di'n canu
I hen fuwch pan fo hi'n brefu
Neu gi bach yn hepian cyfarth
Wedi colli'r ffordd i'r buarth

Ymddengys bod y math hwn o ganu yn debyg iawn i'r canu penillion a geid ar

Llyfni Huws (1889-1962) Pen-y-groes, Caernarfon, Gwynedd.

"Roedd hi bron yn amhosib chwarae telyn bedal Robert Jones, Y Telynor Cymreig, achos doedd yna ddim lliw o gwbwl ar ei danna' C ac F. Heddiw y drefn ydi lliwio'r tanna' rheini, pob C yn goch a phob F yn las neu ddu . . ."

"It was virtually impossible to play the pedal harp of Robert Jones, Y Telynor Cymreig, because there was no colour at all on the C and F strings. Today the practice is to colour those strings – all Cs are red and Fs are blue or black . . ."

"... Mi fydda fo yn dechra' bob tro hefo'r hen alaw adnabyddus 'Codiad yr Hedydd'. Hon oedd yr un i stwytho'r bysedd medda' fo! . . ."

"Pan fydda' fo a finna' yn cyd-chwarae byddem ill dau yn cychwyn drwy sticio at yr alaw – nodyn am nodyn. Ond ymhen 'chydig byddai Bob wedi dechrau amrywio'r gainc. Llifai'r amrywiadau byrfyfyr mor llithrig o'i fysedd chwim . . . Roedd o mewn rhyw fyd bach ei hun . . ."

"... He always began with the famous old tune 'Codiad yr Hedydd'. He said this made his fingers flexible! . . ."

"When the two of us played together we would begin by sticking exactly to the tune – note for note. But soon Bob would begin to introduce variations into the tune. Impromptu variations would flow from his darting fingers . . . He was in a world of his own . . ."

Y diweddar Llyfni Huws mewn sgwrs ag Idwal Owen sawl blwyddyn yn ôl.

Conversation between the late Llyfni Huws and Idwal Owen some years ago.

> "Yn steddfoda' heddiw mae'r telynoresau hefo rhiw fiwsig mawr o'u blaenau a'u dwylo fel pawennau yn yr awyr . . . Mi fysa'r hen Robat Jones, Y Telynor Cymreig, yn mynd o'i go hefo nhw! . . . Ers talwn doedd na ddim rhyw 'mosiwn' mawr i ddangos eich hun – mond chwarae yn naturiol."
>
> *"In today's eisteddfodau you see the harpists with their pile of music before them with their hands pawing the air . . . Old Robert Jones, Y Telynor Cymreig, would be furious with them! . . . In the old days they did not make a great show of themselves – they just played naturally."*
>
> Idwal Owen

Nansi Richards, Telynores Maldwyn (1888 – 1979).

aelwyd Morrisiaid Môn tua 150 o flynyddoedd ynghynt.

Trwythwyd y Telynor Cymreig a'i frodyr o'r cychwyn cyntaf yn y grefft o gyfeilio i'r canu penillion traddodiadol fel a geid yn y byd eisteddfodol ac roedd alawon fel 'Moel yr Wyddfa', 'Llwyn Onn', y cyfeiriwyd atynt eisoes yn ogystal â 'Serch Hudol', 'Pen Rhaw,' 'Cainc y Datgeiniad', 'Codiad yr Hedydd', 'Merch Megan' a llawer mwy ar flaenau eu bysedd. Nid oedd yn ôl pob tebyg, yn ddatgeinydd canu penillion ei hun ond gwyddai yn iawn am hanfodion y grefft ac roedd yn gyfeilydd synhwyrus a deallus. Galluogodd hyn iddo roi 'hwb' i'r datgeinydd pe digwyddai hwnnw 'daro i mewn' yn y lle anghywir.

Nodwyd eisoes mai'r eisteddfod gyntaf i'r Telynor Cymreig wasanaethu ynddi fel cyfeilydd oedd Eisteddfod Wrecsam, 1876. Yn ôl tystiolaeth Bob Owen, Croesor, roedd y Telynor Cymreig yn un o'r telynorion a wasanaethai yn Eisteddfod Genedlaethol Caerdydd, 1883, eisteddfod a gythruddodd Augusta Hall, Argwlyddes Llanofer, oherwydd y diffyg parch a roddwyd i'r delyn deires. Yn Eisteddfod Genedlaethol Caernarfon, 1906, gwasanaethwyd ar y telynau gan Y Telynor Cymreig, John Thomas, Pencerdd Gwalia, a William R. Williams, Bethesda, Ap Eos y Berth.

Bum mlynedd yn ddiweddarach yn Eisteddfod Gadeiriol Môn, Llannerch-y-medd, caed Y Telynor Cymreig yn cyd-delynori ag un o'i ddisgyblion, sef Annie Thomas, Telynores Gwyngyll. Yno hefyd roedd ei frawd William, Telynor Gwalia.

Cyn symud ymlaen i ymdrin â rhai o orchestion eisteddfodol y Telynor

The Youth Eisteddfod, Pwllheli

This was the next eisteddfod in which I competed. I was beaten here once again by Bob Britannia, Llannerch-y-medd; Emlyn Evans was the adjudicator ... Bob Jones was supposed to play the harp for the *penillion* singing competition in the Test Concert that evening but he went for a drink in one of the local taverns and there was no sign of him at the time of the competition. I used his harp and played instead of him.

This is the eisteddfod referred to in Nansi's quotation at the beginning of this chapter. It appears from both the quotations that the old harper enjoyed his pint and there will be further testimony to this!

In Menai Bridge Eisteddfod Môn, August 1873, when he was only 9 years old, Y Telynor Cymreig competed for the first time on the triple harp. His brother, Owen, Telynor Seiriol, and his cousin, Ellen Jane Jones, Telynores Cybi, shared the platform with him. No mention is made of his winning any prize that day. Reading his father's letter, in reply to the questionnaire from *Plas Llanofer* relating to the Welsh triple harp, we gather that Y Telynor Cymreig made his mark in the Swansea Meeting, 1885. Without a doubt it was at the Caerwys Eisteddfod, 1886, that Bob *Britannia's* day dawned. This was the eisteddfod at which Lady Llanofer sought to save and elevate the Welsh harp. The test facing the North Wales harpers was to play 'Y Bardd yn ei Awen – with variations' from the *Welsh Harper* by John Parry, Bardd

Alaw (1776-1851). Y Telynor Cymreig was the winner while his brother, Telynor Seiriol won second prize.

The Flintshire Observer

Thursday, September 23rd 1886

The prizes restricted to residents in North Wales, for playing the triple harp solo, 'Y Bardd yn ei Awen', was awarded to the 1st (£6), Telynor Cymraeg (Mr. Robert Jones, Llanerchymedd), 2nd (£4) (Mr. Owen Jones, Llanerchymedd), the prizewinners being brothers.

His next victory came at the National Eisteddfod, Bangor, 1902

The Harp

(from the 1902 Bangor Eisteddfod Programme)

The whole assembly at the Eisteddfod turned with enjoyment to listen to the competition on the Welsh triple harp. The Honourable Mrs. Herbert of Llanofer presented the prize of a beautiful new harp for the best performance of 'Y Bardd yn ei Awen' by John Parry (Bardd Alaw). Four had sent their names in but only two came to the stage, one was a beautiful young girl in Welsh costume. Dr. Joseph Parry was the adjudicator and he judged Mr. Robert Jones, Y Telynor Cymreig, to be the winner.

It appears that the large audience had had great fun before Robert Jones began because he had to be carried on to the stage and put to sit at his harp. Once again he had taken 'one too many' before the competition. It is said that he received full marks for his excellent performance, but one mark was deducted because he had been

Cymreig, trown unwaith yn rhagor at Nansi Richards, Telynores Maldwyn, a'r hyn a ddywedodd am Robert Jones yn ei llyfr difyr *Cwpwrdd Nansi* (tud. 72):

Eisteddfod y Gwŷr Ifanc, Pwllheli

Hon oedd yr Eisteddfod nesa i mi gystadlu ynddi. Cael fy nghuro yn honno wedyn gan Bob Jones, Britannia, Llannerch-y-medd, ac Emlyn Evans yn beirniadu . . . Roedd Bob Jones i delynori yng nghystadleuaeth canu penillion yn y Prawf Gyngerdd y noson honno, ond fe aeth i wlychu ei big i un o'r tafarne, ac nid oedd hanes amdano adeg y gystadleuaeth. Ond fe ddefnyddiais i ei delyn a chwaraeais yn ei le.

Dyma'r eisteddfod, wrth gwrs, y cyfeiriai Nansi ati yn y dyfyniad agoriadol. Ymddengys o'r dyfyniad hwnnw ac o'r uchod fod yr hen delynor yn 'hoff o'i beint'. Cawn dystiolaeth bellach maes o law!

Yn Eisteddfod Môn, Porthaethwy, Awst 1873, ac yntau ond yn 9 mlwydd oed y cafwyd Y Telynor Cymreig yn cystadlu am y tro cyntaf ar y delyn deires. Cofiwch i'w frawd Owen, Telynor Seiriol, a'i gyfnither ifanc Ellen Jane Jones, Telynores Cybi, rannu'r llwyfan ag ef. Nid oes sôn iddo ennill unrhyw wobr y diwrnod hwnnw. O ddarllen llythyr ei dad mewn ateb i holiadur o *Blas Lanofer* parthed y delyn deires Gymreig casglwn fod y Telynor Cymreig wedi gwneud ei farc yng Nghyfarfod Abertawe, 1885. Heb amheuaeth yn Eisteddfod Caerwys, 1886 – eisteddfod Arglwyddes Llanofer, eisteddfod 'achubiaeth' a 'dyrchafiad' y delyn Gymreig, y daeth awr fawr Bob *Britannia*. Gorchest telynorion y Gogledd oedd canu'r alaw 'Y Bardd yn ei Awen – gydag amrwymiadau' allan o'r gyfrol

'Y Bardd yn ei Awen' allan o gyfrol *The Welsh Harper* (1839) gan John Parry, Bardd Alaw.
'The Inspired Bard' out of *The Welsh Harper* (1839) by John Parry, Bardd Alaw.

John Parry, Bardd Alaw (1776-1851)
Brodor o gyffiniau Dinbych a fu farw yn Llundain. Clarinetydd, telynor, casglwr a chyhoeddwr alawon traddodiadol. Cyfansoddodd nifer o alawon telyn yn y dull traddodiadol e.e. 'Cadair Idris', 'Gwenynen Gwent', 'Ap Siencyn', 'Llanofer', 'Cainc y Datgeiniaid' a'r jig 'Cwrw Da'.
John Parry, Bardd Alaw (1776-1851)
Born near Denbigh, North Wales, and died near London. He was a clarinettist, harper, collector and publisher of traditional airs and was remarkably successful in composing in the folk style as shown by 'Cadair Idris', 'Llanofer' and others.

a

Dr Joseph Parry (1841-1903)
Un o gyfansoddwyr mwyaf adnabyddus a thoreithiog Cymru. Cyfansoddwr yr enwog 'Myfanwy'. Beriniad Cerdd prifwyliau'r cyfnod a chyfaill i Arglwyddes Llanofer.

Dr Joseph Parry (1841-1903)
One of Wales's best-known and prolific composers. He composed 'Myfanwy', arguably one of Wales's best known songs. He adjudicated in many of the eisteddfodau of the period and was a friend of Lady Llanofer.

Pafilwn 'gorlawn' Eisteddfod Genedlaethol Bangor 1902.
A 'full house' at the Bangor National Eisteddfod of 1902.

Welsh Harper gan John Parry, Bardd Alaw (1776-1851). Y Telynor Cymreig a orfu gyda'i frawd Telynor Seiriol yn cipio'r ail wobr.

The Flintshire Observer

Thursday, September 23rd 1886

The prizes restricted to residents in North Wales, for playing the triple harp solo, "Y Bardd yn ei Awen", was awarded to the 1st (£6), Telynor Cymraeg (Mr. Robert Jones, Llanerchymedd), 2nd (£4) (Mr. Owen Jones, Llanerchymedd), the prizewinners being brothers.

Daeth ei fuddugoliaeth nesaf yn Eisteddfod Genedlaethol Bangor, 1902.

Y Delyn

(allan o gyfansoddiadau Eisteddfod Bangor 1902)

Trodd y cynulliad Eisteddfodol gyda mwynhad i wrando y gystadleuaeth ar y delyn deir-rhes Gymreig. Cynigiai yr Anrhydeddus Mrs. Herbert o Lanofer wobr o delyn newydd hardd am y datganiad gorau o 'Y Bardd yn ei Awen' gan John Parry (Bardd Alaw). Anfonodd 4 eu henwau i mewn ond dim ond dau ddaeth i'r llwyfan un ohonynt merch ieuanc brydferth mewn gwisg Gymreig. Dr. Joseph Parry oedd y

unable to reach the stage without assistance. No one knows what happened to the beautiful harp from Llanofer. One can only think it suffered the same fate as the one he won at an eisteddfod near Carmarthen about five years later. He sold it on the way home for beer money.

The following is an excerpt from the report of the Anglesey Chair Eisteddfod, Llannerch-y-medd, 1911:

Yr Orsedd

Monday morning the Gorsedd was held in the village square . . . Y Telynor Cymreig was at the harp and Eos Alaw and Ap Ehedydd sang *penillion*

Tuesday

Eos Alaw and Ap Ehedydd sung *penillion* and the two harper brothers (Y Telynor Cymreig and Telynor Gwalia) took their places in turn with their favourite instrument

No eisteddfodau were held in Anglesey during the period of the Great War between 1915 and 1919. The following announcement was made in Y *Clorianydd*, 26 May, 1920:

b

Anglesey Chair Eisteddfod Llannerch-y-medd

May 24/24

Chairman's Address

The dark shadows cast by the war removed the heart and enthusiasm for eisteddfodau but the embers continued to smoulder and the flame has rekindled in the Anglesey Athens.

'Anglesey's Day'

Opened to the sound of the harp by the harpers and performers already named*. After killing time waiting for the candidates to come from the preliminary contests the competition on the triple harp was held – the prize for which was a beautiful gold brooch given by Mr. E.J. Rowlands of Rhuddlan (Mr. E. J. Rowlands was Evan John Rowlands, the son of Telynores Cybi). A young lady from Rhos-y-bol was the first to play and followed by Y Telynor Cymreig who produced a stream of magic which entranced the large crowd. Presenting the prize to him, Mr. E.T. Davies, said that it was with pure pleasure that he had listened to such a performance. But this was not the end of the excitement because it was noticed that the harper presented his prize to the young lady who had competed.

*In the Pavilion: Selection on the harp by Mair Alaw and Y Telynor Cymreig

This was the last time, as far as we know, that Y Telynor Cymreig competed on the triple harp. And the young girl who accepted the beautiful gold brooch from him after the adjudication was none other than his

berniad a dyfarnodd ef Mr. Robert Jones, Y Telynor Cymreig o Lannerch-y-medd yn fuddugol.

Mae'n debyg fod y gynulleidfa enfawr wedi cael dipyn o sbort a thestun siarad i ddweud y lleiaf cyn i Robert Jones ddechrau arni oherwydd bu'n rhaid ei gario i'r llwyfan a'i roi i eistedd wrth y delyn. Roedd wedi bod unwaith eto yn 'glychu ei big' cyn y gystadleuaeth. Yn ôl y sôn buasai wedi derbyn marciau llawn am ei berfformiad gwych ond tynnwyd marc oddi arno oherwydd ei fethiant i gyrraedd y llwyfan heb gymorth. Ni wyddys beth fu tynged y delyn deires hardd o Lanofer. Gellir ond dyfalu ei bod wedi dioddef yr un dynged â'r delyn deires a enillodd mewn eisteddfod yng nghyffiniau Caerfyrddin tua phum mlynedd yn ddiweddarach. Gwerthodd honno ar y ffordd yn ôl adref am bres cwrw.

Daw'r canlynol allan o gyfansoddiadau Eisteddfod Gadeiriol Môn, Llannerch-y-medd, 1911:

Yr Orsedd

Fore Llun cynhaliwyd Gorsedd ar betryal y dreflan . . . Y Telynor Cymreig oedd a'i fysedd ar dannau'r delyn ac Eos Alaw ac Ap Ehedydd yn canu penillion

Dydd Mawrth

Canwyd penillion gan Eos Alaw ac Ap Ehedydd a'r ddeufrawd o delynwyr (Y Telynor Cymreig a Thelynor Gwalia) yn cymeryd eu lle yn eu tro wrth eu hoff offeryn

Ni chynhaliwyd eisteddfodau ym Môn rhwng y blynyddoedd 1915 a 1919 oherwydd dyma adeg y Rhyfel Mawr wrth gwrs. O'r *Clorianydd*, 26 Mai, 1920, cawn

y canlynol:

Eisteddfod Gadeiriol Môn, Llannerch-y-medd

Mai 24/25

Anerchiad y Cadeirydd

Cysgod du y rhyfel wedi peri na cheid hwyl na chalon ar Eisteddfodau, ond mud losgi yr oedd marwor, ac yr oedd fflam wedi torri allan yn Athen Môn.

'Diwrnod Sir Fôn'

Agor gyda 'Sain Telyn', a chân gan y telynorion a'r datgeiniaid a enwyd eisoes*. Wedi peth lladd amser i ddisgwyl ymgeiswyr o'r rhagbrofion caed cystadleuaeth ar y delyn deirhes – tlws aur prydferth yn cael ei gynnig gan Mr. E.J. Rowlands, Rhuddlan (Mr. E. J. Rowlands oedd Evan John Rowlands, mab Telynores Cybi). Merch o Ros-y-bol dynnodd gyntaf yn y tannau, yna daeth Y Telynor Cymreig, a chaed ganddo'r fath hylif o swyn fel y codwyd y dorf fawr i hwyl nodedig. Wrth ddyfarnu'r wobr iddo sylwodd Mr. E.T. Davies mai pleser digymysg oedd cael dod i glywed y fath berfformiad. Ond nid oedd diwedd y brwdfrydedd eto, canys hysbyswyd fod y telynor yn cyflwyno'r tlws i'r ferch a ddaeth i gystadlu.

*Yn y Babell: Detholiad ar y telynau gan Mair Alaw a'r Telynor Cymreig

Gorsedd Eisteddfod Môn, 1910.
Cyhoeddi Eisteddfod Llannerch-y-medd.
The proclamation of Eisteddfod Môn at the Gorsedd in Llannerch-y-medd, 1910.
Telynor Gwalia wrth y delyn, a'i frawd Y Telynor Cymreig yn sefyll wrth ei ochr.
Y canwr penillion yw Ap Ehedydd.
Telynor Gwalia plays the harp, whilst his brother Y Telynor Cymreig looks on.
The penillion singer is Ap Ehedydd.

pupil and niece, Maggie Ann Jones, the *Marquis Inn*, Rhos-y-bol, the daughter of his beloved brother William, Telynor Gwalia.

The last record we have of Y Telynor Cymreig serving Eisteddfod Môn is a year later in Menai Bridge. Here are some snippets from the programme.

Those who served

Mr. Orwig Williams, Caernarfon and Mrs. Eardley-Williams, A.L.C.M. (Pencerddes Arfon) were the accompanists for the eisteddfod; the *penillion* singers were Ap Ehedydd and Ap Eos y Berth, the harper was Y Telynor Cymreig

Opening Monday – THE GORSEDD

After the usual opening and the opening prayer by the Rev. J.W. Jones, Ap Ehedydd sang *penillion* with Y Telynor Cymreig on the harp – the two from the Llan preserving the good name of the home of singers and harpers.

The Opening Day – IN THE PAVILION

The two came to the side of the harp to sing *penillion*. The harper played with his usual skill and Miss Elizabeth Jones, Glasfryn Stores, Rhostryfan, inspired in her setting of the measures, received the prize.

Mr. Idwal Owen of Amlwch, son-in-law to Maggie Ann Jones, having married Doris the niece of Y Telynor Cymreig, says of Robert Jones or 'Uncle Robat', that he was a very gentle man. He remembers 'Nain *Marcwis*', sister-in-law to Y Telynor Cymreig and grandmother to Doris, frequently saying that 'Uncle Robat' was a very dear man who always had a gentle way about him but unfortunately he was a 'slave' to strong drink. Many times there are references to his love of the tavern and there are many amusing stories still current in the folklore of the district of him playing his harp while 'under the influence'. One of these stories relates to the time when he was the harper at a local eisteddfod. Y Telynor Cymreig was to accompany the *penillion* singing in the afternoon and although they called for him several times from the stage there was no sign of him. Finally, he was found standing like a statue in his home-spun tweed suit under the gable of a house close by. He had gone to answer a 'call of nature' against the wall, having imbibed considerably earlier in the day. Above his head the water was pouring from the roof gutter after a heavy downpour during the morning. He had been standing for some time thinking that he was still 'passing water' although he had, in fact, long finished answering nature's call. Once again he had to be carried on to the stage just as happened in the Bangor Eisteddfod.

Usually, Y Telynor Cymreig could be found around Llannerch-y-medd on New Year's Eve entertaining anyone who wanted to come together to welcome in the New Year. Before the end of the celebration, in the middle of all the fun and, as usual, under the influence, he would put the cover on his dear harp. Without warning he would raise it up, turn it upside down and play the old lively seasonal air 'Nos Galan' through the thin ancient

Dyma'r tro olaf hyd y gwyddys i'r Telynor Cymreig gystadlu ar y delyn deires. A'r ferch ifanc a dderbyniodd y tlws aur prydferth ganddo wedi'r dyfarniad oedd neb llai na'i ddisgybl a'i nith Maggie Ann Jones, *Tafarn y Marcwis*, Rhos-y-bol, merch ei frawd annwyl William, Telynor Gwalia.

Y cofnod olaf, hyd y gwyddom, i'r Telynor Cymreig wasanaethu Eisteddfod Môn yw blwyddyn yn ddiweddarach ym Mhorthaethwy. Dyma gipion o'r cyfansoddiadau.

Rhai fu'n gwasanaethu

Mr. Orwig Williams, Caernarfon, a Mrs. Eardley-Williams, A.L.C.M. (Pencerddes Arfon), Bangor, oedd cyfeilyddion yr ŵyl; datganwyr penillion, Ap Ehedydd ac Ap Eos y Berth a'r Telynor Cymreig, Llanerchymedd, a'i fysedd ar y tannau.

Agoriadol

Y Dydd Llun – YR ORSEDD

Wedi'r agor arferol, ac i'r Parch. J.W. Jones adrodd y weddi, canodd Ap Ehedydd benillion, a'r Telynor Cymreig gyda'r tannau – y ddeuwr o'r Llan yn cadw i fyny enw hen gartre'r datgeiniaid

Y Diwrnod Agoriadol – YN Y BABELL

Daeth dwy at ochr y delyn i ganu penillion. Canai'r telynor yn ôl ei fedr arferol a chafodd Miss Elizabeth Jones, Glasfryn Stores, Rhostryfan hwyl ar 'osod' toddeidiau, gan dderbyn y wobr.

Dywed Mr Idwal Owen, Amlwch, sy'n briod â Doris, merch Maggie Ann Jones, nith i'r Telynor Cymreig, mai gŵr addfwyn dros ben oedd Robert Jones, neu 'Yncl Robat' fel y'i gelwid ganddo. Cofiai i 'Nain *Marcwis*', sef chwaer yng nghyfraith

"Toedd ddim gynno fo fod wedi yfad tua hanner potel wisgi cyn mynd i gyfeilio ac roedd rhaid atgoffa fo o'r alaw. Llawer tro y dywedodd wrtha fi wrth gefn llwyfan 'Hwmian hi i mi . . . hwmian hi!' a finna'n trio fy ngora' glas i gofio sut oedd 'Llwyn Onn', 'Serch Hudol' a rheini yn cychwyn!"

"It was nothing for him to drink half a bottle of whisky before going to accompany someone and one had to remind him of the tune he was to play. Many times he said to me backstage 'Hum it to me . . . hum it!,' and I would try my very best to remember how 'Llwyn Onn', 'Serch Hudol' and the others began!"

Y diweddar Roger Williams, *Ty'n Ffrwd*, mewn sgwrs ag Idwal Owen.

A conversation between the late Roger Williams, *Ty'n Ffrwd*, and Idwal Owen.

"Dwi'n cofio Robert Jones yn iawn – un â wyneb 'meddw' ganddo ond yn 'expert' am chwarae'r delyn."

"I well remember Robert Jones – his face was highly coloured from his drinking but he was an expert at playing the harp."

Harry Lloyd, Gresford.

Gyferbyn: Y tlws aur a enillodd Y Telynor Cymreig yn Eisteddfod Môn Llannerch-y-medd, 1920. Rhoddodd y tlws i'w gyd ymgeisydd, Maggie Ann Jones, ei nith ifanc o Ros-y-bol, wedi'r gystadleuaeth.

Opposite: The gold medal won by Y Telynor Cymeig in the Llannerch-y-medd Eisteddfod Môn of 1920. He gave the medal to his fellow competitor, Maggie Ann Jones, his young niece from Rhos-y-bol following the competition.

Y Telynor Cymreig a nain Doris, ddweud yn aml mai dyn annwyl iawn oedd 'Yncl Robat', un â ffordd fwynaidd ganddo bob amser ond fod y creadur yn 'slâf' i'r ddiod gadarn. Cyfeiriwyd eisoes at ei hoffter o fynychu'r dafarn ac y mae o hyd ar lafar gwlad ambell stori ddoniol am Robert Jones yn canu ei delyn o dan ddylanwad 'Siôn yr Heidden'. Un o'r straeon a adroddir gan Idwal Owen yw honno am y telynor mewn eisteddfod leol. 'Yncl Robat' oedd i gyfeilio i'r canu penillion y prynhawn hwnnw ond er galw ei enw sawl tro o'r llwyfan doedd dim golwg ohono yn unman. Ymhen hir a hwyr, cafwyd hyd iddo yn sefyll fel delw yn ei siwt frethyn cartref ger talcen adeilad cyfagos. Roedd yn amlwg wedi mynd yno i ateb 'galwad natur' ar ôl bod yn hel diod yn gynharach yn y dydd. Uwch ei ben yr oedd dŵr yn arllwys o hen landar oherwydd iddi fwrw yn drwm yn ystod y bore. Sylweddolodd y sawl a gafodd hyd iddo fod y telynor druan wedi bod yn sefyllian yno ers peth amser yn credu ei fod yn dal i 'basio dŵr' ac yntau mewn gwirionedd wedi darfod ers meitin. Bu rhaid ei gario i'r llwyfan y tro hwn hefyd yn union fel y tro hwnnw yn Eisteddfod Bangor.

Arferai Y Telynor Cymreig fynd o gwmpas Llannerch-y-medd a'r fro ar noson ola'r flwyddyn i ddiddanu'r sawl a fyddai wedi ymgynnull i gyfarch blwyddyn arall. Cyn diwedd y dathlu, yn sŵn y rhialtwch ac yntau unwaith eto 'dan ddylanwad', tynnai y gorchudd yn ofalus dros grib ei annwyl delyn. Yn ddirybudd codai hi i'r awyr a'i throi ben ucha'n isa' gan ganu'r hen alaw fywiog a thymhorol 'Nos Galan' – hyn oll drwy ddefnydd main y gorchudd hynafol. Ffarwél

harp cover. A unique farewell to the old year and a memorable welcome to the brand new one. With the acclaim of his audience a testimony to his unusual talent and his charismatic character, he would bid them farewell until the next time.

At other times, turning to drink would bring out his sentimental side and he would play his favourite air 'Morfa Rhuddlan' with the wonderful variations he had composed.

Having struck the last note of the sad melody he would be heard to say, 'When I die the harp will die with me'. He would make his way into the night with his harp on his back and salty tears running down his ruddy cheeks.

At serious times like this the harper would recall the heavy responsibility he bore for passing on the tradition. Was he not the last in a long, long line of harpers which extended back across the centuries? He missed his father, Telynor Môn, and his uncle, Telynor Cybi, who had taught him to play so skilfully. He missed his two brothers, both brilliant harpers, who had been taken so suddenly from this world. He longed for the good old days when he had wandered with them throughout the land to give concerts and to participate in eisteddfodau great and small. He recalled the fun they had in the old home on those nights when there was singing, dancing and story telling by the local folk.

In order to keep the harp tradition alive in the 'Llan' he knew the challenge he faced. He had to pass on this amazing Welsh craft to the younger generation. He ensured this by safely passing on the frail tradition to at least eight privileged pupils. Amongst these were his niece and nephew – Maggie Ann Jones and her brother, William Gwalia Jones, the children of his late brother, William.

The interesting and priceless knowledge of how Y Telynor Cymreig taught his pupils has been preserved for us principally through the memories of his niece, Maggie Ann Jones. In published articles on the *Britannia Harpers* it is recorded that Y Telynor Cymreig could neither read nor write a note of music. This is untrue and his niece confirms it. He did not use books to pass on the art to his pupils. He taught them note for note, completely by ear, in the traditional way. This is the way in which he, too, was taught by his uncle, Telynor Cybi.

Robert Jones expected the best from the youngsters at all times and in spite of his gentle nature he could be very severe in his judgements if he found any decline in the dedication of any pupil. Maggie Ann said that he was very cross with her and her brother if they complained it was difficult to pull the strings because of blisters on their fingers; this was a sure sign to their teacher that they had been neglecting to practice.

Y Telynor Cymreig usually went across to the *Marquis* in Rhos-y-bol to teach his nephew and niece and would stop there for several days, especially if there was an important concert or eisteddfod coming up. It is said that he

unigryw i'r hen flwyddyn a chroeso cofiadwy i flwyddyn newydd sbon. Gyda chymeradwyaeth ei gynulleidfa yn dyst i'w ddawn anghyffredin a'i gymeriad carismataidd, ffarweliai â'r cwmni hwyliog tan y tro nesaf.

Droeon eraill, a'r ddiod yn tynnu allan ochr sentimental ei gymeriad, canai ei hoff alaw 'Morfa Rhuddlan' ynghyd â'r amrywiadau gwych a gyfansoddodd iddi. Wedi taro nodyn olaf ei erddigan hiraethus clywid ef yn dweud yn ddistaw "Pan fydda i farw, mi fydd y delyn farw hefo mi ..." Ymlwybrai allan i'r nos, y delyn ar ei gefn a'r dagrau hallt yn llifo i lawr ei ruddiau gwritgoch.

Ar adegau dwys fel hyn sylweddolai'r telynor fod y cyfrifoldeb am barhad y traddodiad yn pwyso'n drwm ar ei ysgwyddau. Onid ef oedd yr olaf bellach o hen, hen linach a ymestynnai yn ôl ganrifoedd? Hiraethai am ei hen dad, Telynor Môn, ac am ei ewythr Telynor Cybi a'i drwythodd i drin y tannau mor gelfydd. Gwelodd eisiau ei ddau frawd annwyl, ill dau yn delynorion gwych a gipiwyd o'r byd hwn mor ddisymwth. Hiraethai am y dyddiau da pan grwydrai gyda hwynt ledled y wlad i gynnal cyngherddau ac i gystadlu a gwasanaethu mewn eisteddfodau mawr a mân. Dygai i gof yr hwyl a gawsai yn ei hen gartref fin nos lle byddai canu, dawnsio a straeon difyr y werin ffraeth.

Er mwyn cadw'r delyn draddodiadol yn fyw yn y Llan a'r fro gwyddai yn iawn yr her a'i wynebai. Rhaid oedd trosglwyddo'r hen grefft ryfeddol Gymreig hon i'r to ifanc. Fe wnaeth hynny yn gydwybodol gan sicrhau fod y traddodiad bregus yn ddiogel yn nwylo o leiaf wyth o

'Y Bardd Olaf' – ysgythriad adnabyddus Leutherbeurg allan o argraffiad cyntaf cyfrol Edward Jones, *Bardd y Brenin, Musical and Poetical Relicks of the Welsh Bards* (1784). Gellir gwneud cymhariaeth yma rhwng 'bardd' yr arlunydd a Robert Jones, Y Telynor Cymreig, – onid ef oedd 'Bardd Olaf' telynorion y *Britannia*? "Pan fydda i farw, mi fydd y delyn farw hefo mi".

'The Last Bard' – Leutherbeurg's famous engraving from the first edition of Edward Jones', *The King's Bard, Musical and Poetical Relicks of the Welsh Bards* (1784). One can make a comparison here between the artist's 'bard' and Robert Jones, Y Telynor Cymreig – was he not the 'Last Bard' of the *Britannia* harpers? "When I die, the harp will die with me."

Gyferbyn: Robert Jones, 'Bob *Britannia*' yn canu'r delyn bedal tua diwedd ei oes. Opposite: Robert Jones, 'Bob *Britannia*' playing a double action pedal harp during his last years.

would spend a fortnight there to instruct the two of them thoroughly to perform on the Welsh harp. According to Idwal, 'Nain Marcwis' was none too happy when he stayed so long. The old lady well knew her brother-in-law's love of his pint and she was afraid that he would drink the tavern dry!

Maggie Ann remembered her lessons starting at six o'clock in the morning before breakfast and before she and her brother went to school. Spending the night in his *gwely wenscot,* and having washed and dressed, her uncle would come down stairs tightening his belt around his middle. Straight away he would tune the two harps, which had stood silent throughout the night on the cold floor. He spent much more time with the old Welsh harp and its many strings than its cousin, the English pedal harp. In the coldness, it was often very difficult for the children's fingers to slide smoothly from string to string. But this would soon come after 'scales' and 'arpeggios'. Flexibility returned to the little fingers, as did the memory of what had been learnt the previous day, and this brought a welcome smile to their old uncle's face as he could see his untiring efforts bearing fruit. At the end of the lessons as a little bit of a treat to the young harpers, Maggie Ann remembers 'Uncle Robat' would play a variety of exciting marches, merry jigs or lively hornpipes on the triple harp while she and her brother gulped down some breakfast before running off to school.

After the *Britannia* closed in 1907, Y Telynor Cymreig moved to live in Wellington Street. He received his 'call up' in 1914, but because of his age (he was fifty by now), he did not go to the front to fight. He spent this period in a camp near Wrexham. At the end of the Great War he returned to the village of his birth and spent the remainder of his days with his sister, Mary Jones.

Y Telynor Cymreig died on New Year's Eve – a remarkable coincidence as this was the very time when there was such a demand for him and his harp. His nephew and niece and another relation, Mary Hughes Stamp of Llannerch-y-medd intended to play his favourite air 'Morfa Rhuddlan' on his grave in the churchyard, but were prevented from doing so by heavy rain.

There was a full description of the funeral as well as a deserved tribute to this remarkable and unassertive character in *Yr Herald Gymraeg*, January, 1930:

Yr Herald Gymraeg

7th January, 1930

The Harper's Funeral

Last Saturday afternoon, the remains of the old harper, Mr. Robert Jones (Y Telynor Cymreig) were laid to rest in the old graveyard of the Llan. A large crowd gathered at the funeral and amongst the large crowd were Llew Llwydiarth, Eos Alaw, Ap Ehedydd, Telynor Trefor, Eos Cuhelyn, Telynores y Llan, Telynor Ap Gwalia, y Cynghorwr O.Williams and Mr. H. Grugfryn Parry. The service was conducted by the Revd.

ddisgyblion breintiedig. Yn eu plith roedd ei nith a'i nai ifanc o Ros-y-bol – Maggie Ann Jones a'i brawd William Gwalia Jones, plant ei ddiweddar frawd William.

Datgelir i ni wybodaeth ddiddorol a gwerthfawr am y ffordd y dysgai'r Telynor Cymreig ei ddisgyblion yn bennaf drwy atgofion ei nith, Maggie Ann. Mewn erthyglau a gyhoeddwyd eisoes am *Delynorion y Britannia* nodwyd nad oedd Y Telynor Cymreig yn gallu darllen nac ysgrifennu nodyn o gerddoriaeth. Nid gwir mo hynny, oherwydd tystiai ei nith yn hollol ddiffuant i'r gwrthwyneb. Ni fyddai'r telynor yn defnyddio llyfrau wrth drosglwyddo'r grefft i'w delynorion ifanc. Dysgai hwynt nodyn wrth nodyn yn gyfan gwbl wrth y glust yn unol â'r dull traddodiadol. Dyma'r ffordd y dysgwyd yntau gan ei ewythr, Telynor Cybi.

Byddai Robert Jones yn mynnu y gorau o'r to ifanc bob amser ac er ei natur addfwyn gallai fod yn hallt iawn ei feirniadaeth os darganfyddai ddiffyg ymroddiad gan ambell ddisgybl. Dywedai Maggie Ann iddo fod yn flin iawn hefo hi a'i brawd pe cwynent ei bod hi'n anodd ganddynt dynnu'r tannau oherwydd y swigod a oedd wedi codi ar flaenau'r bysedd; arwydd pendant i'w hathro o ddiffyg ymarfer cyson gan y ddau.

Arferiad Y Telynor Cymreig oedd mynd draw i dafarn y *Marcwis*, Rhos-y-bol, i ddysgu ei nith a'i nai ifanc gan aros yno am ddyddiau lawer yn enwedig pe byddai cyngerdd go bwysig neu gystadleuaeth eisteddfodol ar y gorwel. Dywedir iddo aros yno am bythefnos unwaith er mwyn trwytho'r ddau yn drwyadl yn eu perfformiad ar y delyn Gymreig. Yn ôl Idwal, doedd 'Nain Marcwis' ddim yn rhy

Telynores Gwyngyll
Mrs Annie G Evans (1888-1985)
Byddai'r delynores hon, a oedd yn enedigol o Lanfairpwll, yn mynd at Robert Jones am wersi o bryd i'w gilydd. Yma gwelwn hi yn ferch ifanc yn ei gwisg Gymreig. Roedd yn gyfeilydd selog yng Ngorsedd Eisteddfod Môn ac wedi'r Rhyfel Byd Cyntaf, bu'n chwarae ei thelyn ar lan bedd Hedd Wyn. Bu'n byw am gyfnod yn Llangefni cyn symud i Wallasey. Rai blynyddoedd yn ôl bu Llio Rhydderch, y cyd-awdures, yn cyd-gyfeilio â Thelynores Gwyngyll yn Eisteddfod Môn Brynsiencyn.

Telynores Gwyngyll
Mrs Annie G Evans (1888-1985)
Telynores Gwyngyll was born in Llanfairpwll and had occasional lessons from Robert Jones. Here we see her as a young girl in Welsh costume. She was an ardent supporter and accompanist in the Gorsedd of Eisteddfod Môn and after the First World War she played at the grave of Hedd Wyn. Before moving to Wallasey she lived for a period in Llangefni. Some years ago, Llio Rhydderch, the co-author, was an accompanist with Telynores Gwyngyll at the Anglesey Eisteddfod in Brynsiencyn.

RHAI O DDISGYBLION Y TELYNOR CYMREIG
SOME OF Y TELYNOR CYMREIG'S PUPILS

Telynores y Llan
Mari Hughes, *Stamp*, Llannerch-y-medd
Nith i'r Telynor Cymreig a fu'n canu ei thelyn yn aml yng Ngorsedd Eisteddfod Gadeiriol Môn. Yn ystod y chwedegau, bu Llio yn cyd-gyfeilio â hi yng nghyfarfodydd yr eisteddfod hon.

Telynores y Llan
Mari Hughes, *Stamp*, Llannerch-y-medd
Telynor Cymreig's niece who often played her harp in the Gorsedd meetings of the Anglesey Chair Eisteffod. During the 1960's Llio and Telynores y Llan often appeared together in the meetings of this eisteddfod.

Evan John Rowlands (1894 – 1972)
Mab Telynores Cybi, cyfnither Robert Jones. Priododd â Ffreda Holland, Telynores Prydain. Cafodd ei hyfforddi gan Y Telynor Cymreig tra oedd yn byw yn *Nhafarn Y Ring*, Rhos-goch, lle tynnwyd y llun yma ohono.
Cerdyn post a anfonodd Evan John Rowlands o'r Amerig at ei athro 'Yncl Robert', Y Telynor Cymreig, lle mae'n sôn am iddo fod wedi bod ar daith hela lwyddiannus.

Evan John Rowlands (1894 – 1972)
Evan John Rowlands was the son of Telynores Cybi, a cousin to Robert Jones. He married Ffreda Holland, Telynores Prydain. He was taught by Y Telynor Cymreig whilst living in '*The Ring*', Rhos-goch, where this photograph was taken.
A post card sent by Evan John Rowlands from America to his tutor and 'Uncle Robert', Y Telynor Cymreig, where he mentions having been on a successful hunting trip.

Isod: Alwyn Jones, brodor o'r Llan. Un o ddisgyblion Robert Jones, Y Telynor Cymreig. Derbyniai ei wersi yn *Nhafarn y Marcwis*, Rhos-y-bol.

Below: Alwyn Jones, a native of Llannerch-y-medd. He was taught to play the harp by Robert Jones, Y Telynor Cymreig, at the *Marquis Inn*, Rhos-y-bol.

R.H. Davis, the Baptist Minister. Among the principal mourners were Miss Mary Jones (his only sister) Mr. H. Jones , brother in law, Mrs. Hughes Stamp, Mrs. Owen, Tanybryn, Mrs. Edwards, Butcher, Mrs. Williams, Ty'n Llan, Llanynghenedl (cousins) Mr. R. Edwards, Butcher, (cousin), Messrs. W. Jones and John Jones (nephews), Mrs. Betty Roberts, Felinheli, Mrs. Mary Roberts, Rhosneigr, Mrs. Helen, Holyhead, Mrs. Bell, Holyhead, Miss Maggie and Miss Mary Jones (nieces). He was carried to his grave by eight pupils whose tears fell on the coffin. On Saturday afternoon the gate of the graveyard closed on one of the most original characters in the Llan. May he rest in peace.

THE WIDOWED HARP

It is difficult to think that the old harper, Mr. Robert Jones (Y Telynor Cymreig) has left us. He is the last of the musical brothers to arrive in the land of old friends. The present generation know nothing of the musical glory of Llannerch-y-medd fifty years ago and before that. There were, in its heyday, three harps in the old Britannia, which is now a bank. There was the father of the three harpers, Telynor Seiriol, Telynor Gwalia and Y Telynor Cymreig, the gifted harper. His father was an old sailor, Mr. J. Jones (Telynor Môn) and he was one of most gentle of men, in the mould of the gentlemen of the district of the time. This was the period of Eos Môn and the famous harpers. In this atmosphere the late Telynor Cymreig was brought up and it is not surprising that he was unable to adapt to the ways of this age. He lived in one of the most interesting periods in the history of

hapus o'i weld yn aros cyhyd. Gwyddai'r gr'aduras yn iawn am hoffter ei brawd yng nghyfraith o'i beint ac ofnai iddo yfed y dafarn yn sych!

Cofiai Maggie Ann i'r gwersi gychwyn yn gynnar yn y bore; oddeutu chwech o'r gloch fel rheol – cyn brecwast a chyn iddi hi a'i brawd fynd am yr ysgol. Wedi treulio noson mewn 'gwely wenscot' hen ffasiwn, ymolchi a gwisgo amdano, deuai 'Yncl Robat' i lawr y grisiau gan dynnu y gwregys lledr yn dynn am ei ganol. Bwriai ymlaen ar unwaith i diwnio'r ddwy delyn a oedd wedi bod yn sefyll yn fud drwy gydol y nos ar lawr cerrig oer y dafarn. Ac roedd yno waith tiwnio hefyd, llawer mwy hefo'r hen 'Gymraes' a'i thannau niferus nag hefo'i chyfnither droedsain Seisnig! Yn yr oerfel, anodd iawn oedd i'r plant gael y bysedd i lithro'n ystwyth o dant i dant. Ond buan y daeth hi wedi'r "scales" a'r "arpeggios". Ystwythodd y bysedd bach a thynnwyd i gof yr hyn a ddysgwyd y diwrnodau cynt gan ddod â gwên blesurus i wyneb eu hewythr annwyl wrth iddo weld ei ymdrechion diflino yn dwyn ffrwyth. Ar ddiwedd y wers ac fel dipyn o 'treat' i'r telynorion ifainc, cofiai Maggie Ann fel y byddai ei hewythr yn canu ambell ymdeithgan gyffrous, jig sionc neu bibddawns herciog ar y deires tra llowciai hi a'i brawd bwt o frecwast cyn ei heglu hi am yr ysgol!

Wedi cau tafarn y *Britannia* yn 1907, symudodd Y Telynor Cymreig i fyw i Wellington Street. Cafodd y 'call up' yn 1914, ond oherwydd ei oedran (roedd yn hanner cant erbyn hynny) ni chafodd fynd i'r 'ffrynt' i ymladd. Treuliodd y cyfnod hwn mewn gwersyll yng nghyffiniau Wrecsam. Ar derfyn y Rhyfel

John Hughes, Llannerch-y-medd (1898-1975)

the old Llan. It is a pity that there is no-one like Ap Ehedydd, Creigryn, Eos Alaw or Mr. Jones the Printer to write the history of this interesting period. Well, here is the last harper who has gone from the old school but not before he had taught eight others 'to draw honey from the fine strings'. He delighted in helping the young. May the old harper rest in peace in the earth of the Llan he loved so dearly.

John Hughes, Llannerch-y-medd (1898-1975)
Un arall o hen delynorion y Llan a hanai o 'Deulu'r Britannia'. Mae'n ddigon posib ei fod wedi cael gwersi gan Y Telynor Cymreig. Gallai lunio telyn yn ogystal â'i chanu. Ef wnaeth y delyn fach yn y darlun ohono gyda'i blant. Diddorol yw sylwi ei fod yn canu'r delyn ar yr ysgwydd dde, yn wahanol i'r dull Cymreig.

John Hughes, Llannerch-y-medd (1898-1975)
John Hughes was another of the old harpers of Llannerch-y-medd who was related to 'The Harpers of the Britannia'. It is probable that he received lessons from Y Telynor Cymreig. He could build a harp as well as play one and he made the small harp in the picture of himself with his children. It is interesting to note that he is playing his harp on the right shoulder and not in the 'Welsh way'.

Mawr dychwelodd i'w bentref genedigol ac ym mlodau'i ddyddiau roedd yn byw gyda'i chwaer, Mary Jones.

Bu farw Y Telynor Cymreig ar y Calan – yn rhyfedd iawn yr union gyfnod pan fyddai cymaint o alw amdano ef a'i delyn. Bwriadwyd i'w nith a'i nai o Ros-y-bol ynghyd â disgybl a pherthynas arall iddo sef Mari Hughes Stamp, Llannerch-y-medd, ganu ei hoff alaw 'Morfa Rhuddlan' ar eu telynau ar lan y bedd ym mynwent yr eglwys ond methwyd â gwneud hynny oherwydd iddi lawio'n drwm.

Ceir disgrifiad llawn o'r angladd ynghyd â theyrnged haeddiannol i'r cymeriad hynod a diymhongar hwn yn *Yr Herald Gymraeg*, Ionawr 1930 fel a ganlyn:

Yr Herald Gymraeg

7fed Ionawr 1930

Arwyl y Telynor

Prynhawn dydd Sadwrn diwethaf, rhoddwyd gweddillion yr hen delynor, Mr. Robert Jones (Y Telynor Cymreig) i orwedd yn hen fynwent y Llan. Daeth torf fawr i'w hebrwng, ac yn eu plith gwelsom Llew Llwydiarth, Eos Alaw, Ap Ehedydd, Telynor Trefor, Eos Cuhelyn, Telynores y Llan, Ap Telynor Gwalia, y Cynghorydd O. Williams a Mr. H. Grugfryn Parry. Gwasanaethwyd gan y Parch. R. H. Davis, Gweinidog y Bedyddwyr. Wele'r prif alarwyr: Miss Mary Jones (ei unig chwaer), Mr. H. Jones, brawd yng nghyfraith, Mrs. Hughes Stamp, Mrs. Owen,Tanybryn, Mrs. Edwards, Butcher, Mrs. Williams, Ty'n Llan, Llanynghenedl (cyfnitherod i gyd) Mr. R. Edwards, Butcher, (cefnder), Mri W. Jones a John Jones (neiod), Mrs. Betty Roberts, Felinheli, Mrs. Mary Roberts, Rhosneigr, Mrs. Helen, Caergybi, Mrs. Bell, Caergybi, Miss Maggie, Miss Mary Jones (nithod).

Gollyngwyd ef i'r bedd gan wyth o'i ddisgyblion a'u dagrau'n disgyn ar gaead yr arch. Caeodd llidiart y fynwent, brynhawn Sadwrn ar un o'r cymeriadau mwyaf gwreiddiol fu yn y Llan. Heddwch i'w lwch.

Y Delyn yn Weddw

Chwith meddwl bod yr hen delynor, Mr. Robert Jones, (Y Telynor Cymreig) wedi ein gadael. Dyma'r olaf bellach o'r brodyr cerddgar yn 'nyffryndir hen ffrindiau'. Ŵyr y to presennol ddim am ogoniant cerddorol Llannerch-y-medd rhyw hanner canrif yn ôl a chyn hynny. Yr adeg honno yr oedd yr hen 'Britannia' sydd erbyn hyn yn fanc yn ei fri a thair o delynau yno. Yr oedd tad y tri thelynor, Telynor Seiriol, Telynor Gwalia a'r Telynor Cymreig yn delynor medrus. Hen forwr ydoedd y tad, Mr. J. Jones, (Telynor Môn) ac yr oedd yn un o'r dynion mwyaf boneddigaidd yr olwg arno, yn batrwm o hen fonheddwr Cymreig. I'w dŷ ef yn Llannerch-y-medd y cyrchai pob bardd a datganwr a ddeuai i'r cylch yr adeg honno. Dyna gyfnod yr hen Eos Môn, Ehedydd Môn ac enwogion eraill ym myd y delyn. Yn yr awyrgylch honno y magwyd y diweddar Delynor Cymreig a pha ryfedd iddo fethu asio i mewn i arferion yr oes hon. Bydd yn chwith ei golli, oherwydd cydiai ei fywyd yr oes hon wrth un o'r cyfnodau mwyaf diddorol yn hanes yr hen Lan. Gresyn na chefid rhywrai tebyg i Ap Ehedydd, Creigryn, Eos Alaw neu Mr. Jones yr Argraffydd i ysgrifennu hanes y cyfnod diddan hwnnw. Wel, dyma'r telynor olaf wedi mynd o'r hen ysgol, ond nid cyn iddo ddysgu wyth eraill 'i dynnu mêl o dannau mân'. Ymhyfrydai mewn cynorthwyo'r ieuainc. Gorffwys yn dawel yr hen delynor yn naear y Llan a geraist mor fawr.

Chwith: Y ddiweddar Mrs Kitty Williams, Telynores y Foel, Llannerch-y-medd
Er nad yn perthyn i 'Deulu'r Britannia' roedd yn ffigwr amlwg ym mharhad y traddodiad a chyswllt y Llan a'r delyn. Gwasanaethodd Eisteddfod Gadeiriol Môn am flynyddoedd lawer – yn yr Orsedd ac yn cystadlaethau cerdd dant. Hyfforddodd nifer o ieuenctid i ganu'r delyn ac i ganu penillion. Un o'i disgyblion amlycaf yw Aloma o'r ddeuawd adnabyddus 'Tony ac Aloma' – hithau hefyd, wrth gwrs, yn un o genod y Llan.

Left: The late Mrs Kitty Williams, Telynores y Foel, Llannerch-y-medd
Although not related to 'The Harpers of the Britannia' she was a prominent figure in the continuing tradition and the connection of the Llan with the harp. For many years she gave of her services to the Anglesey Chair Eisteddfod, to the Orsedd and played for the penillion singing competitions. She taught many youngsters to play the harp and to sing penillion. One of her well known pupils was Aloma of the famous duo 'Tony ac Aloma'. She is also a daughter of the Llan.

Telynor Gwalia
William Jones 1873 – 1914

William, born in 1873 in the *Britannia*, was the fourth son of Telynor Môn and the youngest of the three harpers. Little is known of his early life, but like his brother he learnt the skill of playing the harp, not from his father, but from his uncle, Telynor Cybi.

In his twenty seventh year he married Mary Ann, the daughter of *Manaw Fawr*, Bodedern. It is said that William and Mary Ann met as he journeyed to the market at Holyhead with his horse and cart, selling the mushrooms which had been gathered by the inhabitants of the Llan. Their first child was born in the mother's home in Bodedern.

The couple made their home in the *Marquis Inn*, Rhos-y-bol where, some two years later, another daughter, Annie May, was born. In addition to keeping the tavern, William travelled around the island collecting skins from the slaughter houses to send to Manchester for tanning. He also sent rabbits by train to that city.

In contrast to his brothers, Owen and Robert, William was a countryman and a home lover; he could neither read nor write nor could he read music. He learnt everything by ear and apparently he was a speedy learner. His daughter, Maggie Ann Jones, confirmed this some years ago as she talked to Roy Saer, of the Museum of Welsh Life, St. Fagans, of the tradition of harp playing in Llannerch-y-medd. She related the story of a traveller calling at the *Marquis*

Telynor Gwalia
William Jones 1873 – 1914

Pedwerydd mab Telynor Môn a'r ieuangaf o'r tri thelynor oedd William a anwyd yn y *Britannia* yn y flwyddyn 1873. Ychydig a wyddom am ei fywyd cynnar ond fel ei frodyr, trosglwyddwyd iddo'r grefft o ganu'r delyn, nid gan ei dad ond gan ei ewythr, Telynor Cybi.

Ac yntau'n 27 mlwydd oed priododd â Mary Ann, merch *Manaw Fawr*, Bodedern. Yn ôl yr hanes cyfarfu William â hi pan oedd yn arferiad ganddo fynd i farchnad Caergybi hefo cart a cheffyl i werthu caws llyffant a oedd wedi eu casglu iddo gan rai o drigolion y Llan. Ganwyd eu plentyn cyntaf yng nghartref ei mam ym Modedern.

Ymgartrefodd y pâr ifanc yn *Nhafarn y Marcwis*, Rhos-y-bol a rhyw ddwy flynedd yn ddiweddarach ganwyd merch arall iddynt, Annie May. Heblaw am gadw'r dafarn byddai William yn mynd o amgylch yr ynys i hel crwyn o'r lladd-dai a'u hanfon i Fanceinion i'w trin. Dywedwyd ei fod hefyd yn arfer anfon cwningod i'r ddinas honno o hen stesion y dreflan.

Yn wahanol i'w frodyr Owen a Robert, gŵr digon gwladaidd a chartrefol ei natur oedd William na fedrai na darllen nac ysgrifennu. Eto'n wahanol i hwythau ni allai ddarllen cerddoriaeth 'chwaith. Dysgai'r cwbwl oddiar y glust ac yn ôl pob tebyg dysgai'n gyflym iawn. Tystiai ei ferch, Maggie Ann Jones, i'r ffaith hon wrth sgwrsio am hanes traddodiad y delyn yn Llannerch-y-medd a Rhos-y-bol gyda Roy Saer o Amgueddfa Werin Cymru, Sain Ffagan, rai blynyddoedd yn ôl.

"Nid tafarn fel y cyfryw oedd y *Marcwis* ond rhyw gyrchfan fel bydda' hogia'r wlad yn troi am sgwrs a thrafod gweithgareddau y fferm – y 'stoc', y cynhaeaf ac yn y blaen. Hefyd roedden nhw'n diddanu ei gilydd hefo canu penillion a storïau a digwyddiadau – tebyg i'r 'caban' yn y chwareli. Cartref y telynorion oedd Llannerch-y-medd ac mi ddaru William Jones ddod â rhan hefo fo i Ros-y-bol . . ."
Allan o lythyr Idwal Owen at Llio,
Medi 25ain 1997.

" . . . The *Marquis* was no ordinary tavern; it was the place to which the country folk came to have a chat, to discuss farming news and events – the stock, the harvest and so on. It was here that they entertained themselves – with singing *penillion* and relating tales and telling stories. It was a place similar to the *caban* in the slate quarries. Llannerch-y-medd was the home of harpers and William Jones brought a part of it with him to Rhos-y-bol . . ."
Extract from a letter from Idwal Owen to Llio, September 25th, 1997.

William Jones, Telynor Gwalia (1873-1914).

playing a Hurdy Gurdy (a barrel organ). Her father was attracted by a waltz which came from the machine and having heard the tune once or twice he already had it at his finger tips. For having provided a new tune the traveller was given a glass of beer on the house.

Besides a large number of Welsh airs, Telynor Gwalia also played a number of less well-known ones. As she spoke to Roy Saer, Maggie Ann, remembered one in particular- 'Napoleon crossing the Alps' – and how her father made effective use of the bass strings of his harp to imitate the sound of the horses' hooves of Napoleon's army as it crossed the mountains.

Telynor Gwalia's world was the world of the Eisteddfod – where he could be found as an accompanist, of *penillion* singing or as a competitor. When he was only twelve years old he achieved his first success playing the Welsh harp at a meeting in Swansea in 1885 – which was sponsored by Lady Llanofer. His two elder brothers were also prize winners. Similarly in Eisteddfod Caerwys at a later date he gained second place in one of the competitions on the triple harp. The set air was 'Serch Hudol'. This competition was sponsored by Lord Tredegar, a close friend of Lady Llanofer and the Marquess of Bute, who were the sponsors of the eisteddfod. If his two brothers could succeed in this eisteddfod he surely could do likewise. Once again the *Britannia* brothers ensured that this was a memorable eisteddfod and it is

a

'*Yr Hen Farcwis*' – darlun olew gan Audrey Hind.
'The Old Marquis' – an oil painting by Audrey Hind.

Marquis Inn, Rhosybol – Wm Jones. Proprietor.
Harpist. Teas and refreshments provided for cyclists
at moderate charges.
(*Bennetts Business Directory*, 1911-12)

"Lle hen ffasiwn oedd y *Marcwis* – y delyn yn y
gongl ac ar nos Sadwrn hogia'r wlad yn dod yno
i ganu
'Mi es i lawr i Lundain
I weld fy ewythr Huw'
a phetha felly. Dyna sut y dysgish i ganu penillion –
gwrando arnyn nhw yn y dafarn pan o'n i'n hogyn."
"The *Marquis* was an old fashioned place –
there was a harp in the corner and on Saturday
nights the local folk would gather to sing. This is
how I learnt to sing *penillion* – as a young man I
listened to them in the tavern."
Idwal Owen

b

'*Tafarn y Marcwis*' heddiw.
Chwalwyd yr hen *Farcwis* sawl blwyddyn yn ôl gan
godi yn ei le yr adeilad digymeriad yma.
'*The Marquis Inn*' today.
The old *Marquis* was demolished many years ago to
be replaced by this rather featureless building.

William Jones, Telynor Gwalia, yn canu telyn deires ei ddiweddar frawd Owen, Telynor Seiriol, y tu allan i'r *Marcwis*, Rhos-y-bol. Y gŵr arall yn y llun yw cymeriad lleol o'r enw John 'Brwshis', ac roedd yn ffrindiau garw hefo'r telynor. Yn ôl y sôn, doedd y telynor ddim yn orhapus o gael tynnu ei lun y diwrnod hwnnw. Cytunodd i wynebu'r camera ar yr amod y byddai ei gyfaill yn cael bod yn y llun hefyd.

William Jones, Telynor Gwalia, playing the Welsh triple harp that belonged to his late brother Owen, Telynor Seiriol, outside the *Marquis Inn*, Rhos-y-bol. The other man in the photograph is John 'Brwshis' (brushes). He was a local character and a great friend of the harper. The story has it that the harper was not too happy at having his photograph taken that day and only agreed to face the camera if his friend could be included in the picture as well.

easy to believe that Gwenynen Gwent, Lady Llanofer, was very proud of the three young brothers from Llannerch-y-medd.

FLINTSHIRE OBSERVER

Sept 9th 1886

Caerwys Welsh Eisteddfod

In the competition on the Welsh harp by the domestic male harpers, for prizes given by Lord Tredegar, restricted to lovers of song, Mr McKirdy, Llanover, won the first prize, and the second was awarded by the adjudicator, Dr. Parry, to Mr. Wm Jones of Llannerch-y-medd

Telynor Gwalia was successful sixteen years later at the Bangor National Eisteddfod in 1902, where he was judged joint first in one of the competitions on the Welsh harp. The air was 'Pen Rhaw' with variations. On that day the prize was shared with Pedr James of *Plas Llanofer* which further strengthened the strong link between the harpers of the two 'Llans'. As was the case in the Swansea meeting and the Caerwys Eisteddfod the three brothers from the Llan were prominent in the activities of the 1902 National.

At the National Eisteddfod Caernarfon, 1906, Telynor Gwalia was judged winner on the triple harp by the adjudicator, John Thomas, Pencerdd Gwalia. The competition required the playing of a selection of airs from *The Welsh Harper*. In the official programme the names of two competitors are recorded – 'Rhosydd', a very apt name for the harper from Rhos-y-bol and 'Nansi'. This would have been Nansi Richards, Telynores Maldwyn. Once again, as in

Cofiodd unwaith i ŵr yn canu Hyrdi Gyrdi (organ faril mwy na thebyg) alw heibio'r *Marcwis*. Denwyd ei dad gan un *waltz* yn arbennig a ddeuai o grombil y peiriant ac wedi ei chlywed unwaith neu ddwy, roedd hi ganddo dan ei fysedd. Fel cydnabyddiaeth am yr alaw newydd derbyniodd y dieithryn lasiad o gwrw 'on the house'.

Heblaw'r llu niferus o alawon Cymreig a genid gan Delynor Gwalia, byddai o bryd i'w gilydd yn canu alawon llai adanabyddus. Yn ystod ei sgwrs gyda Roy Saer, mae Maggie Ann yn dwyn i gof un alaw yn arbennig sef 'Napoleon crossing the Alps'. Cofiai fel y gallai ei thad wneud defnydd effeithiol o dannau bâs ei delyn er mwyn efelychu carnau ceffylau byddin yr hen Napoleon yn croesi'r uchelfannau.

Byd yr Eisteddfod oedd byd Telynor Gwalia yn bennaf – un ai fel cyfeilydd i'r datgeinwyr penillion neu fel cystadleuydd. Ymddengys mai yng Nghyfarfod Abertawe, 1885 – a noddwyd gan Arglwyddes Llanofer, y daeth ei lwyddiant cyntaf ar y delyn Gymreig ac yntau ond yn 12 mlwydd oed. Yma yr enillodd ei ddau frawd hŷn hefyd. Felly y buodd hi flwyddyn yn ddiweddarach yn Eisteddfod Caerwys. Cipiodd yr ail safle mewn un o'r cystadlaethau i'r delyn deires. Yr alaw osod oedd 'Serch Hudol'. Noddwyd y gystadleuaeth honno gan Arglwydd Tredegar, cyfaill i noddwyr yr eisteddfod sef Arglwyddes Llanofer a'r Arglwydd Bute. Os medrai ei ddau frawd lwyddo yn yr eisteddfod hon ar yr offeryn cenedlaethol bid siŵr y medrai yntau eu hefelychu. Sicrhawyd eisteddfod fythgofiadwy unwaith eto i deulu'r *Britannia* a gallwn yn hawdd gredu fod

Cofnod o lwyddiant Telynor Gwalia yn Eisteddfod Caerwys 1886.

A record of Telynor Gwalia's success at the Caerwys Eisteddfod, 1886.

Telynor Gwalia yn fachgen ifanc oddeutu 14 mlwydd oed yn cyfeilio i hen ddatgeinydd anhysbys.

The young 14 year old Telynor Gwalia accompanying an unidentified traditional *penillion* singer.

Pedr James, Llanofer

"Ni fedra William ddarllen miwsig o gwbwl –
rhywun fel Russ Conway oedd o . . ."

"William was unable to read music at all – he
was someone like Russ Conway . . ."
 Idwal Owen

Gwenynen Gwent, Arglwyddes Llanofer,
yn hynod falch o'r tri brawd ifanc o
bentref Llannerch-y-medd.

FLINTSHIRE OBSERVER
Sept 9th 1886
Caerwys Welsh Eisteddfod
In the competition on the Welsh harp by the
domestic male harpers, for prizes given by
Lord Tredegar, restricted to lovers of song,
Mr McKirdy, Llanover, won the first prize,
and the second was awarded by the
adjudicator, Dr Parry, to Mr Wm Jones of
Llannerch-y-medd

Un mlynedd ar bymtheg yn
ddiweddarach yn Eisteddfod
Genedlaethol Bangor, 1902, daeth
llwyddiant eto i Delynor Gwalia.
Dyfarnwyd ef yn gyd-fuddugol mewn un
o'r cystadlaethau i'r delyn Gymreig. Yr
alaw oedd 'Pen Rhaw'. Pedr James o *Blas
Llanofer* a rannodd y wobr ag ef y diwrnod
hwnnw gan gadarnhau unwaith eto y
cysylltiad amlwg a fu rhwng telynorion y
ddau 'Lan'. Fel yng nghyfarfod Abertawe
ac Eisteddfod Caerwys bu'r tri brawd o'r
Llan yn amlwg iawn ym mwrlwm
Eisteddfod Genedlaethol Bangor, 1902.

Ym mhrifwyl Caernarfon, 1906,
dyfarnwyd Telynor Gwalia y gorau ar y
delyn Gymreig gan y beirniad, John
Thomas, Pencerdd Gwalia. Y dasg oedd
canu detholiad o alawon o *The Welsh
Harper*. Yn y rhaglen swyddogol
ymddengys bod dau wedi rhoi eu henwau
ymlaen i gystadlu, sef 'Rhosydd' – enw
addas i'r telynor o Ros-y-bol a 'Nansi'.
Mae'n deg dweud mai Nansi Richards,
Telynores Maldwyn fyddai hon. Unwaith
eto, fel mewn sawl eisteddfod flaenorol,
Mrs Herbert, Llanofer, Gwenynen Gwent
yr Ail, a noddodd y gystadleuaeth.

many other eisteddfodau, Mrs. Herbert
of Llanofer, Gwenynen Gwent yr Ail,
sponsored the competition.

As official harper, an accompanist of
penillion singing and as an adjudicator,
Telynor Gwalia contributed actively to
the Anglesey Chair Eisteddfod.

A notice in *Y Clorianydd* 18 April,
1907, announced that Telynor Gwalia
would be accompanying Ehedydd
Alaw and Ap Ehedydd who would sing
to harp accompaniment.

Telynor Gwalia was the official harper
at the National Eisteddfod in
Llangefni, 1908, and played in the
penillion singing competitions.

The official record refers to him
accompanying Ehedydd Alaw and
R. Môn Williams at the Orsedd in the
final concert. In the Anglesey Chair
Eisteddfod of 1911, held in Llannerch-
y-medd, Telynor Gwalia shared the
position of official harper with his
brother Robert and Telynores
Gwyngyll. Telynor Gwalia and his
brother, Robert, played the harp in
Caernarfon Castle in July, 1911, on
the occasion of the Investiture of
Edward VIII as Prince of Wales.

Less than two years later, when he was
only 41 years of age, Telynor Gwalia
died as a consequence of an accident
with a horse and cart while unloading
hay outside *Garreg Felen*, Rhos-y-bol.
While he lay unconscious in the
middle of the road the horse,
frightened and in a lather, returned to
the *Marquis*.

Detailed descriptions of the accident
and the consequent funeral are to be

Eisteddfod Gadeiriol Mon,
AMLWCH,--GWYL Y SULGWYN, 1909
(Llun a Mawrth, Mai 31ain a Mehefin 1af, 1909.)

11, Parys Lodge Square,
Amlwch, 17ez.. Medi. 1909.

PWYLLGOR LLEOL.

Cadeirydd :
Parch. J. J. RICHARDS.

Is-Gadeirydd :
W. H. THOMAS, Ysw.

Trysorydd :
T. JONES-PARRY, Ysw.,
National & Provincial Bank, Ltd.,
Amlwch.

Ysgrifenydd :
Mr. ROBERT JONES.

Mr. William Jones, (Telynor Gwalia).
Rhosvool.

Anwyl Syr.

Byddwch garedicc a gadael i mi wyood beth fyddai eich telegram am wasanaethu gyda'r Delyn yng nghyfarfodydd yr Eisteddfod, ac hefyd yn yr Orsedd.

Yr eiddoch yn gywir.

R. Jones

Ysgrifenydd.

Llythyr oddi wrth Ysgrifennydd Eisteddfod Gadeiriol Môn, Amlwch 1909, yn gofyn i William Jones, Telynor Gwalia, ganu'r delyn yn yr eisteddfod.

A letter written by the Secretary of the Anglesey Chair Eisteddfod, Amlwch 1909, requesting the service of William Jones, Telynor Gwalia.

COFEB Y MORRUSIAID.

THE MORRUSIAID MEMORIAL.

Canodd Telynor Gwalia ei delyn ar achlysur dadorchuddio 'Cofeb y Morrisiaid' ym Mhenrhosllugwy Medi 7fed, 1910, ac yna yn yr 'Arwest' a ddilynodd y seremoni.

Telynor Gwalia played at the unveiling of the 'Morrisiaid Môn' monument at Penrhosllugwy, Anglesey, September 7th, 1910, and during the literary and musical competitions that followed the ceremony.

Dau frawd – dau delynor – un delyn
William Jones, Telynor Gwalia, a Bob *Britannia*, Y Telynor Cymreig, adeg cyhoeddi Eisteddfod Môn, Llannerch-y-medd, 1910.

Two brothers – two harpers – one harp
William Jones, Telynor Gwalia, and Bob *Britannia*, Y Telynor Cymreig, during the proclamation of the Llannerch-y-medd Anglesey Eisteddfod, 1910.

teddfod Gadeiriol Mon 1911, Llanerchymedd.

Cerdorol

Cynhelir Pwyllgor Cyffredinol, ynglyn a'r uchod New Hall, Nos Wener nesaf, am 7 o'r gloch.

erfynir eich presenoldeb.

Gwaith y Cyfarfod:—

Adroddiad y Pwyllgor Llenyddol.
    ,,   ,,   ,,   Cerddorol.

Yr eiddoch yn gywir,

J. WILLIAMS,—Ysgrifenydd.

Uchod: Cerdyn a anfonwyd at Delynor Gwalia yn ei wahodd i Bwyllgor Cerdd Eisteddfod Gadeiriol Môn, 1911, Llannerch-y-medd.

Above: A card sent to Telynor Gwalia inviting him to a meeting of the Music Committee of the Anglesey Chair Eisteddfod to be held in Llannerch-y-medd in 1911.

Bu Telynor Gwalia, yn weithgar iawn gydag Eisteddfod Gadeiriol Môn fel Telynor Swyddogol yr Orsedd, fel cyfeilydd i'r canu penillion ac ambell waith fel beirniad.

Y CLORIANYDD
Ebrill 18, 1907
Eisteddfod Gadeiriol Môn, Caergybi
Datganiad gyda'r Tannau – Ehedydd Alaw ac Ap Ehedydd
Telynor – Telynor Gwalia

Ef oedd telynor swyddogol yr orsedd yn Eisteddfod Genedlaethol Môn, Llangefni, 1908, gan wasanaethu hefyd yn y cystadlaethau canu gyda'r tannau.

(allan o gyfansoddiad Eisteddfod Môn Llangefni 1908)

Yr Orsedd

. . . rhoddodd Telynor Gwalia gainc felus ar y delyn: datganodd Ehedydd Alaw benillion arbennig.

Cyfarfod Olaf

. . . Canwyd y delyn gan Telynor Gwalia tra roedd Ehedydd Alaw ac R. Môn Williams yn canu penillion.

Rhannodd y swydd gyda'i frawd Robert, Y Telynor Cymreig, a Thelynores Gwyngyll yn Eisteddfod Gadeiriol Môn, Llannerch-y-medd, 1911.

Gyda'i frawd Y Telynor Cymreig, bu Telynor Gwalia yn canu ei delyn yng Nghastell Caernarfon ar achlysur arwisgo Edward VIII yn Dywysog Cymru, Gorffennaf, 1911.

Ddwy flynedd a hanner yn ddiweddarach roedd Telynor Gwalia yn ei fedd ac yntau ond yn 41 mlwydd oed. Cafodd ddamwain hefo cerbyd a cheffyl y tu allan i'r *Garreg Felen*, Rhos-y-bol, wrth ddadlwytho gwair.

THE INVESTITURE OF
H·R·H·THE PRINCE OF WALES
AT CARNARVON.

Handbook and
Official Programme
of
FESTIVITIES
(Under Royal Patronage).
JULY 10th to 15th, 1911.

STORY OF THE CASTLE AND INVESTITURE
PLAN OF TOWN AND
ROUTE OF ROYAL PROCESSION

Price Sixpence.   [All rights reserved.

Printed at the "Liverpool Courier" Office.

a

Order of the Events.

Monday: CHILDREN'S ENTERTAINMENT,
In the PAVILION, at 7-0 p.m.
Admission : Front Seats, 2/- ; Second, 1/- ; Third, **6d.**

Tuesday: *Drama, "GLYNDWR,"*
In the PAVILION, at 7-0 p.m.
Admission : 2/- ; 1/- ; **6d.**

Wednesday: PROMENADE CONCERT,
On CASTLE SQUARE, at 7-0 p.m.

Thursday: WELSH CONCERT,
In the CASTLE, at 7-0 p.m.
Admission : Reserved Seats, 5/- ; Second, 2/6 ; Third, 1/-.

Friday: (a) *Drama, "GLYNDWR,"*
In the CASTLE, at 7-0 p.m.
(b) CELTIC CONCERT,
In the PAVILION, at 7-0 p.m.
Admission : 3/- ; 2/- ; 1/-.

Saturday: (a) MISCELLANEOUS CONCERT,
In the CASTLE, at 2-30 p.m.
Admission : 1/- ; **6d.**
(b) CELTIC CONCERT,
In the PAVILION, at 7-0 p.m.
Admission : 2/- ; 1/- ; **6d.**

SEASON TICKETS - - **10/6.**

Doors open for each Event an hour before the Scheduled Time.

ARTISTES.
MADAME LAURA EVANS-WILLIAMS.   MISS GWLADYS ROBERTS
MISS ANNIE MORTON JONES.   MISS MAIRI MATHESON.
MR. DAVID HUGHES.   MR. G. HUGHES-MACKLIN.
PENILLION SINGERS : MR. W. O. JONES and MR. J. E. JONES.
HARPIST : TELYNOR GWALIA.
SCOTCH PIPERS AND DANCERS : MR. J. A. GORDON AND PARTY (Edinburgh).
IRISH PIPERS AND DANCERS : MR. J. S. WAYLAND AND PARTY. (Cork)

THE INVESTITURE CHOIR (450 VOICES).
(CONDUCTOR : MR. JOHN WILLIAMS.)

ACCOMPANISTS :
MR. M. ORWIG WILLIAMS, MR. R. PRICHARD, AND MR. W. MORRIS.

THE BANDS OF THE
1st BATTALION ROYAL WELCH FUSILIERS,
2nd BATTALION THE WELSH REGIMENT.
By kind permission of their respective Colonels and Officers.

UNITED CHILDREN'S CHOIR.
Conductor : Mr. R. G. WILLIAMS. Accompanists : Miss GERTRUDE REES
and Mr. T. O. HUGHES.

Messrs. JOHN BRINSMEAD & SONS, LTD., have kindly given
the loan of a Concert Grand Pianoforte for the Concerts.

Dyma'r alawon a ganodd Telynor Gwalia yn rhai o gyngherddau'r Arwisgiad.
These are the tunes that Telynor Gwalia played in some of the Investiture concerts.

CYNGERDD CYMREIG – NOS IAU
WELSH CONCERT – THURSDAY EVENING
a) Penrhaw b) Alawon Cymreig (Welsh Airs)

CYNGERDD CELTAIDD MAWREDDOG – NOS WENER
GRAND CELTIC CONCERT – FRIDAY EVENING
a) Llwyn Onn b) Gwŷr Harlech

CYNGERDD AMRYWIOL – PRYNHAWN SADWRN
MISCELLANEOUS CONCERT – SATURDAY EVENING
a) Penrhaw b) Napoleon Crossing the Alps

CYNGERDD CELTAIDD MAWREDDOG – NOS SADWRN
GRAND CELTIC CONCERT – SATURDAY NIGHT

a) Napoleon Crossing the Alps b) Amrywiadau ar Alawon Cymreig (Variation on Welsh Airs)
Roedd Telynor Gwalia hefyd yn cyfeilio i'r canu penillion yn y cyngherddau uchod
Telynor Gwalia also accompanied the *penillion* singing in the above concerts.

b

Arwisgiad 1911 – y Tywysog ifanc yn cyfarfod â'i bobl.
The Investiture of 1911 – the young Prince meets his subjects.

Chwith: Llawlyfr a Rhaglen Swyddogol Arwisgiad Tywysog Cymru, 1911.
Left: Handbook and Official Programme of the Investiture of HRH the Prince of Wales, 1911.

Ac yntau'n gorwedd yn anymwybodol ar ganol y ffordd dychwelodd y ferlen i gowt y *Marcwis* ar ei phen ei hun yn 'chwys laddar' gymaint fu ei dychryn.

Ceir disgrifiad manylach o'r digwyddiad a hanes yr angladd yn rhifyn 11 Chwefror 1914 o'r *Clorianydd* ac eto yn rhifyn yr wythnos ganlynol – 18 Chwefror:

Y CLORIANYDD

Chwefror 11eg 1914

MARW SYDYN TELYNOR GWALIA

Nos Wener taenwyd y newydd yn Rhosybol fod Mr William Jones, Marquis Inn, y telynor adanabyddus a wisgai'r enw Telynor Gwalia, a brawd Y Telynor Cymreig a'r diweddar Telynor Seiriol, wedi cyfarfod a'i ddiwedd ar y ffordd pan yn dychwelyd gartref o'i hen dreflan, Llannerch-y-medd gyda'r cerbyd. Yr oedd y ceffyl yn anesmwyth a dechreuodd redeg, a'r trancedig yn gafael yn y shafft am tua 50 llath, pryd y syrthiodd. Bu farw yn ei dŷ heb ennill ymwybyddiaeth.

Cynhaliwyd trengholiad ddydd Llun gan Mr R Jones Roberts, pryd y bwriwyd iddo farw o ddiffyg y galon a gynhyrchwyd gan gynhyrfiad. Yr oedd Dr T Jones wedi bod yn gweini arno oherwydd gwendid y galon.

Ysgrifenna W T, "Gellir dweud am y diweddar delynor ei fod yn ŵr caredig ac ewyllysgar ac y mae cydymdeimlad yr ardal yn fawr â'i weddw a'r ddwy ferch yn y brofedigaeth a ddaeth iddynt mor ddisymwth."

"Dwi'i cofio 'Nain *Marcwis*' yn deud sut y bydda na gryn ddadla weithia rhwng ei gŵr William, Telynor Gwalia a'i frawd Robart, Y Telynor Cymreig. Mynnai William chwara'r alaw yn ei ffordd ei hun a Robart oedd yn darllan miwsig yn deud wrtho fo fod o'n anghywir ac ma fel a'r fel oedd hi'n mynd. Felly oedd hi rhwng y ddau pan ddaeth y gwahoddiad i fynd i chwara i Gaernarfon adeg 'Investiture Prins of Wêls' yn 1911."

"I remember 'Nain *Marcwis*' telling me how William, her husband, and his brother Robert, Y Telynor Cymreig would quarrel over how a certain tune should be played. William having learned everything by ear would insist on playing it the way he'd picked it up. Robert on the other hand could read music and would try to correct him. This would sometimes lead to 'heated' arguments – especially when the invitation came to perform at Prince Edward's Investiture as the Prince of Wales at Caernarfon in 1911."

Idwal Owen

Uchod, ar y chwith: Hen fforc diwnio Telynor Gwalia. Lluniwyd hi allan o hen bicwarch gan Hugh Rowlands, gôf o Benrhosllugwy. Roedd y gŵr hwn yn fyddar yn ôl pob tebyg, ond fe enillodd y fforc hon y wobr gyntaf iddo mewn cystadleuaeth yn un o eisteddfodau lleol y cyfnod.

Above, left: Telynor Gwalia's tuning fork. It was fashioned from an old farm pitchfork by Hugh Rowlands, a blacksmith from Penrhosllugwy. He was deaf, but his pitchfork won him first prize in one of the local eisteddfodau of the period.

Isod, ar y chwith: Darnau o wêr melyn a ddefnyddiwyd gan Telynor Gwalia pan ddechreuai tant 'raflio' a hen oriad tiwnio telyn Gymreig ei frawd Telynor Seiriol.

Below, left: Pieces of wax that Telynor Gwalia used to rub on a string if it started to fray and the tuning key used by his brother Telynor Seiriol to tune his Welsh harp.

William Jones, Telynor Gwalia, gyda'i ferch Maggie Ann Jones yn perfformio mewn cyngerdd Dydd Gŵyl Ddewi yn Ysgol Rhos-y-bol (tua 1911).

William Jones, Telynor Gwalia, with his daughter Maggie Ann Jones at Ysgol Rhos-y-bol during a St. David's Day concert (about 1911).

Llannerch-y-medd
Y TANNAU'N FUD

Y newydd trist o farwolaeth Mr W Jones (Telynor Gwalia) yr hyn a gymerodd le nos Wener sydd yn peri dychryn yn awr. Daeth ei ddiwedd yn bur annisgwyliadwy. Yr oedd yn ein mysg yn y Llan brynhawn Gwener. Mawr ydyw y cydymdeimlad â'i briod a'i blant yn eu galar. Yr oedd yr angladd heddyw (ddydd Mawrth) ym mynwent y Llan ac yn un cyhoeddus.

Y CLORIANYDD
Chwefror 18fed 1914
Llannerch-y-medd
ANGLADD TELYNOR GWALIA

Ddydd Mawrth, Chwefror 10fed, claddwyd y telynor ym Mynwent Eglwys Llannerch-y-medd. Torf fawr wedi ymgynnull a gwasanaethpwyd yn y tŷ yn Rhos-y-bol gan y Parch Morris Roberts, ficer, W Morton Jones ac yna ar lan y bedd gan y Parch J Davies ficer a Morris Roberts. Heddwch i'w lwch.

Roedd Mary, gwraig William, chwe mis yn feichiog ar y pryd a'i ferch Maggie Ann yn ferch ifanc 14 mlwydd oed. Dri mis yn ddiweddarach ganwyd mab a alwyd yn William Gwalia Jones. Arhosodd gweddw Telynor Gwalia yn y *Marcwis* am 44 mlynedd arall tan ei marwolaeth ar 21 Ionawr, 1958.

Yn ddiau llawenydd, balchder a diolch a fyddai wedi llenwi calon Telynor Gwalia o wybod, oherwydd dycnwch ei frawd Robert, Y Telynor Cymreig, y byddai ei ferch Maggie Ann a'r mab na welodd mohono erioed, William Gwalia Jones, yn parhau i gadw'r delyn draddodiadol yn fyw yn yr ardal am flynyddoedd lawer i ddod.

found in reports in *Y Clorianydd* for 11th and 18th February, 1914. It appears that on returning to Rhos-y-bol from Llannerch-y-medd the horse was restless and then ran amok. Telynor Gwalia grasped the shaft trying to restrain the horse, but after running fifty yards he fell. He died without regaining consciousness. At the inquest, the coroner, Mr. R. Jones Roberts, declared that the death was caused by a heart weakness exacerbated by shock. The inquest heard that Dr. T. Jones had been treating Telynor Gwalia for this heart condition.

The reports go on to say he was a good and gentle man and the sympathy of the district went out to his wife and their two girls in their sudden bereavement. He was laid to rest on 10 February, 1914, in the churchyard of the parish church in Llannerch-y-medd in the presence of a large crowd of mourners.

In the meantime his wife, Mary, was expecting their third child and three months later a son, William Gwalia Jones, was born. Mary remained in the *Marquis* for a further 44 years until her death on 21 January, 1958.

Telynor Gwalia would have rejoiced and been happy and proud to know that through the efforts of his brother Robert, Y Telynor Cymreig, William's daughter, Maggie Ann, who was 14 years old at his death, and the son whom he never saw, William Gwalia Jones, continued the Welsh harp tradition in the district for many years into the 20th century.

a *b*

c

Uchod: Carreg fedd farmor addurnedig William Jones, Telynor Gwalia, a'i briod, Mary, ym mynwent eglwys Llannerch-y-medd. Daeth y marmor o'r Eidal a thalwyd am y garreg allan o gronfa ariannol Eisteddfod Gadeiriol Môn – y sefydliad a wasanaethpwyd yn ffyddlon gan Telynor Gwalia am flynyddoedd.

Above: Telynor Gwalia and his wife Mary's ornate marble head stone at the churchyard in Llannerch-y-medd. The marble came all the way from Italy and the head stone was paid for from the coffers of the Anglesey Chair Eisteddfod – the establishment that Telynor Gwalia had faithfully served for many years.

Llythyr cydymdeimlad a dderbyniodd gweddw Telynor Gwalia.

A letter of condolence received by Telynor Gwalia's widow.

Feb 15th,

Dear Mrs Jones,

I have heard of your terrible loss and feel I must write you a few lines to tell you how very much I sympathise with you all – no one knows better than myself what it is to lose a good husband and nothing seems to fill the gap. Dear Mrs Jones, I realise more now what it is, to try with God's help to be good ourself and also to help others to be both, by example and love – the next world is so near to us and they that have gone know the importance of growing nearer to God and may be sure they help us and pray for us, Your husband will be greatly missed both for himself and his beautiful harp playing. Why?, he may be playing up there. Who knows! Please remember me to the Titley Jones' and all who ask for me.

With my deepest sympathy,

I remain,

Yours sincerely,
Judith Davies.

Maggie Ann
Margaret Ann Jones
(1899-1976)
Telynor Ap Gwalia
William Gwalia Jones
(1914-1962)

After the death of Robert Jones, Y Telynor Cymreig, the last of the sons of the *Britannia* in 1930, the harp tradition was kept alive within the family by two of his pupils, Margaret Ann Jones and William Gwalia Jones, the children of his brother William, Telynor Gwalia.

Maggie Ann, as Margaret Ann Jones was called, was born in *Manaw Fawr*, her mother's home between Bodedern and Bryngwran, at the turn of the century. In no time the little family had made their home in the *Marquis Inn*, Rhos-y-bol. The child was brought up with the sound of the harp in her ears; the harps of her father, her grandfather and her two uncles. She was also brought up in the tradition of the *canu cylch* and traditional *penillion* singing. (See the photograph of her with her father on page 113).

Her son-in-law, Idwal Owen, says that Maggie Ann started learning the harp at her father's knee, but following his sudden death in 1914, 'Uncle Robat' from the 'Llan' insisted that she continue with the instrument and follow in the family tradition. She did so – at first it was against her will – but Y *Telynor Cymreig*, succeeded in persuading her and taught her for about four years. During his time the

Maggie Ann
Margaret Ann Jones
(1899-1976)
Telynor Ap Gwalia
William Gwalia Jones
(1914-1962)

Wedi claddu yr olaf o feibion y *Britannia* Robert Jones, Y Telynor Cymreig, yn 1930 cadwyd y delyn yn fyw o fewn y teulu gan ddau o'i ddisgyblion sef Margaret Ann Jones a William Gwalia Jones, plant ei frawd William, Telynor Gwalia.

Ganwyd Maggie Ann, fel y'i gelwid, ym *Manaw Fawr*, cartref ei mam, rhwng Bodedern a Bryngwran ar droad y ganrif. Ymhen dim roedd y teulu bach wedi ymgartrefu yn *Nhafarn y Marcwis*, Rhos-y-bol. Magwyd y plentyn yn sain y delyn; telyn ei thad a thelynau ei thaid a'i dau ewythr draw yn Llannerch-y-medd. Magwyd hi hefyd yn nhraddodiad y canu cylch a'r penillion traddodiadol. (Gweler y llun ohoni gyda'i thad ar dudalen 113).

Dywed Idwal Owen, mab yng nghyfraith y delynores, ei bod wedi dechrau dysgu'r delyn wrth draed ei thad ond wedi ei farwolaeth sydyn yn 1914 'Yncl Robat' o'r Llan a fynnodd ei bod yn bwrw 'mlaen gyda'r offeryn er mwyn parhau â'r traddodiad teuluol. Gwnaeth hynny – ar y cychwyn o leiaf – yn erbyn ei hewyllys ond llwyddodd Y Telynor Cymreig i ddwyn perswâd arni a bu'n cael gwersi ganddo am rhyw bedair blynedd. Yn y cyfnod hwn meistrolodd y delynores ifanc y delyn bedal a chymhlethododau y delyn Gymreig. Yn ôl ei chyfaddefiad hi ei hun ni bu erioed o'r un safon â'r tri brawd o'r

Maggie Ann Jones yn eneth ifanc.
Maggie Ann Jones in her early teens.

young harper mastered the pedal harp and the complexities of the Welsh harp. According to her own admission she never reached the same standard as the three brothers from the *Britannia* – it would have been difficult for anyone to fill their shoes. Despite this, she was a most able harper, having been thoroughly steeped in the art and she knew a great number of the old airs.

Of the two harps, she preferred to play the single strung pedal harp to the multitude of strings of the Welsh harp; because of the amount of tuning required more than anything. When she was called on to accompany *penillion* singing or entertain in the *Britannia* she mostly played her father's old double action harp. This is the harp she played when she went to various concerts with 'Uncle Robat', Y Telynor Cymreig, who would play the triple harp. The two were in their 'seventh heaven' when they played duets of the old favourites like 'Merch Megan', 'Wyres Megan', 'Moel yr Wyddfa' and 'Eryri Wen'.

During the First World War, when Y Telynor Cymreig enlisted in the army, he and Maggie Ann received an invitation to go to the army camp in Kinmel Park to play at the celebration of St. David's Day. Naturally, 'Uncle Robat' wore his uniform for the occasion. Before the performance he went to the refectory for a pint to kill time. It had been raining heavily for days and the ground was very muddy under foot. The time came for the harpers to go to the hall where the performance was to take place. Wooden planks had been laid over the mud in places but by now 'Uncle Robat' was rather unsteady on his feet and managed to fall headlong into the mud. He was covered in mud from head to toe and Maggie Ann did not know whether to laugh or cry. In the end Robert Jones had to play the harp wearing someone else's uniform – the uniform was far too big for him and hung on him. Maggie Ann had a lot of fun in 'Uncle Robat's' company.

Maggie Ann thought the world of her uncle from Llannerch-y-medd. Indirectly, he once caused her some embarrassment in a local eisteddfod. She was competing in the *penillion* singing and the competition asked for verses of four lines on the air 'Codiad yr Hedydd'

At home the young girl had been accustomed to changing some words to include the name of her uncle. She would sing this version at home to the family behind his back. It was all innocent fun. But this time, perhaps because of nervousness or lack of concentration, the adjudicators and the audience heard the alternate version which roughly translates 'Bury me when I die in the wood under the oak leaves. You'll see Bob Britannia playing the harp on my grave' in place of 'You will see a fair headed youth playing the harp on my grave'.

No first prize that day – but what laughter!

Another time when she was competing on the triple harp one of the strings broke in the middle of her

Britannia – camp anodd fyddai llenwi esgidiau y rheini. Serch hynny roedd Maggie Ann yn delynores gymwys dros ben, wedi ei thrwytho yn drwyadl yn y grefft gan adnabod nifer helaeth o'r hen alawon.

O'r ddwy delyn, gwell oedd ganddi dynnu ar dannau sengl y delyn bedal nag ar dannau lluosog y delyn Gymreig, oherwydd y gwaith tiwnio fwy na dim. Hen delyn bedal 'double action' ei thad a ganai ran amlaf pan oedd galw amdani i gyfeilio i'r canu penillion boed hynny ar lwyfan neu ar ryw noswaith yn y *Marcwis*. Dyma'r delyn a ddefnyddiai pan â'i gydag 'Yncl Robat' i gadw cyngherddau yma a thraw. Y Telynor Cymreig fyddai â'i fysedd ar dannau'r deires ac roedd y ddau yn ei "seithfed nef" yn perfformio 'duets' o hen ffefrynnau megis 'Merch Megan' a 'Wyres Megan, 'Moel yr Wyddfa' ac 'Eryri Wen'.

Yn ystod y Rhyfel Byd Cyntaf, a'r Telynor Cymreig wedi gorfod 'enlistio' â'r fyddin, daeth gwahoddiad iddo ef a Maggie Ann i fynd draw i'r gwersyll milwrol ym Mharc Cinmel i ganu eu telynau mewn cinio i ddathlu Gŵyl Ddewi. Yn naturiol roedd 'Yncl Robat' wedi gwisgo ei lifrai gogyfer â'r achlysur a chyn y perfformiad fe aeth draw i'r ffreutur am beint neu ddau i ladd amser. Roedd hi wedi bod yn glawio'n drwm ers dyddiau a'r ddaear dan draed yn fwdlyd iawn – tebyg i faes ambell Eisteddfod Genedlaethol. Daeth yn amser i'r telynorion fynd draw i'r neuadd lle y cynhelid y noson ac er mwyn 'hwyluso petha' gosodwyd planciau pren ar y llecyn gwlyb rhwng y ffreutur a'r neuadd. Erbyn hynny roedd 'Yncl Robat' ychydig yn 'simsan' ar ei draed a llwyddodd y creadur

Maggie Ann yn ddiweddarach yn ei bywyd.
Maggie Ann in later life.

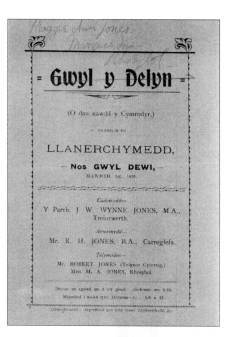

Uchod ac ar y dde: Penillion yn llaw Maggie Ann Jones.

Above and on the right: Examples of traditional verses to be sung with the harp, hand written by Maggie Ann Jones.

Chwith: Gŵyl y Delyn, Llannerch-y-medd, Mawrth 1, 1920. Telynorion: Y Telynor Cymreig a Maggie Ann Jones.

Left: Harp Festival, Llannerch-y-medd, March 1, 1920. Harpers: Y Telynor Cymreig and Maggie Ann Jones.

performance of the old favourite 'Y Bardd yn ei Awen'. 'Uncle Robat' jumped onto the stage and in a twinkling the string had been repaired. He thought the world of his niece from Rhos-y-bol and always gave her his full support.

Unlike his sisters, William Gwalia Jones never saw or heard his father, Telynor Gwalia, playing the harp. However, when he was about ten years of age he decided that he too would like to learn to play the harp like his big sister. When 'Uncle Robat' called at the *Marquis* to give lessons to her the small boy would plague his uncle, "When can I play like Maggie Ann?" "Uncle Robat" would answer every time, "Look, my boy, you can start to learn when you are able to stretch an octave with your fingers."

When Ap Gwalia was able to stretch the octave he soon realised that perseverance, devotion and constant practice was needed to learn to play a musical instrument. He changed his mind very quickly and did not want to learn to play at any cost. His sister reacted in the same way when she started to learn and Robert Jones was equally determined that his nephew should play the harp and learn the old airs. Gradually Ap Gwalia came to enjoy the lessons with 'Uncle Robat' and to come to terms with his uncle's stubborn make-up.

At the Anglesey Chair Eisteddfod, Llanfairpwll, 1926, Ap Gwalia won the first prize for harp solo for those who had not previously won in the eisteddfod and he received the bardic

i ddisgyn ar ei hyd i ganol y llecyn gwlyb. Roedd yn fwd drybola o'i gorryn i'w draed ac ni wyddai Maggie Ann beth i'w wneud – chwerthin ynteu crio. Diwedd y stori oedd y bu rhaid i Robert Jones ganu ei delyn y noson honno mewn lifrai rhywun arall a'r rheini'n llawer rhy fawr ac yn hongian amdano. Do, fe gafodd Maggie Ann lawer o sbort yng nghwmni 'Yncl Bob'.

Roedd Maggie Ann yn meddwl y byd o'i hewythr o'r Llan. Unwaith bu iddo, mewn rhyw ffordd anuniongyrchol, beri iddi wneud smonach o bethau mewn eisteddfod leol. Roedd hi'n cystadlu ar y canu penillion a'r dasg oedd canu penillion pedair llinell ar y gainc 'Codiad yr Hedydd'. Un o'r penillion a ddewisiodd Maggie Ann ei ganu oedd:

Cleddwch fi pan fyddwyf farw
Yn y coed dan ddail y derw
Chwi gewch weled llanc pen felyn
Ar fy medd yn canu'r delyn

Gartref ar y aelwyd roedd y ferch ifanc wedi arfer â newid rhywfaint o eiriau'r pennill hwn er mwyn cynnwys enw ei hewythr. Canai'r fersiwn unigryw yma i aelodau eraill y teulu pan oedd 'Yncl Robat' wedi troi ei gefn. Rhyw bryfocio diniwed oedd y cwbl.

Ond y tro yma, oherwydd nerfusrwydd neu ddiffyg canolbwyntio fe anghofiodd Maggie Ann ei bod ar lwyfan eisteddfod a dyma'r hyn a glywodd y beirniad a'r gynulleidfa

Claddwch fi pan fyddwyf farw
Yn y coed dan ddail y derw
Chwi gewch weled Bob *Britannia*
Ar fy medd yn tynnu'r tannau

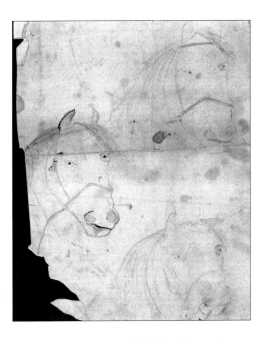

Brasluniau pensil o ben ceffyl. Efallai iddynt gael eu darlunio gan Maggie Ann, neu ei chwaer Annie May pan yn blant.
Os felly, y tebyg yw mai hen gaseg y '*Marcwis*' yw'r gwrthrych, yr hon a fu'n rannol gyfrifol am farwolaeth eu tad Telynor Gwalia. Ar y llaw arall, efallai mai un o frodyr ifanc y *Britannia* a'i gwnaethant. Cafwyd hwynt ar daflen rydd yn nhu blaen un o hen lyfrau eu tad Telynor Môn neu 'Capten Jones' fel yr arwyddodd ei enw yn y llyfr arbennig hwn. Roedd yr hen Delynor Môn yn dipyn o arlunydd wrth gwrs ac efallai fod un o'r meibion yn ceisio 'tynnu llun yn union fel y gwnai tada'.

Pencil sketches of a horse's head. Perhaps Maggie Ann, or her sister Annie May drew them. If so, then the subject could well be the '*Marquis's*' old mare, which played a significant role in their father's untimely death. On the other hand, they could be the work of one of the young brothers of the '*Britannia Inn*'. The loose sheet was found in an old book which belonged to their father, Telynor Môn or 'Capten Jones' as he'd written in this particular book. Telynor Môn was an accomplished artists and perhaps one of his sons was trying to emulate him.

Dim gwobr gyntaf – ond sôn am chwerthin!

Dro arall, a hithau'n cystadlu ar y delyn deires, torrodd un o'r tannau yng nghanol ei dehongliad o'r hen ffefryn 'Y Bardd yn ei Awen'. Neidiodd 'Yncl Robat' ar y llwyfan ac ymhen chwinciad chwannen roedd y tant wedi ei newid. Roedd ganddo yntau feddwl y byd o'i nith o Ros-y-bol ac roedd yn gefn mawr iddi bob amser.

Yn wahanol i'w chwiorydd, ni chafodd William Gwalia Jones erioed weld na chlywed ei dad, Telynor Gwalia, yn trin y tannau. Beth bynnag, pan oedd oddeutu'r deng mlwydd oed penderfynodd y buasai yntau yn hoffi dysgu'r delyn fel ei chwaer fawr. Pan alwai 'Yncl Robat' heibio'r *Marcwis* i roi gwers iddi byddai'r bychan yn swnian byth a beunydd arno, "Pa bryd ga i chwarae 'run fath â Maggie Ann?" Ateb 'Yncl Robat' yn ddi-ffael fyddai, "Yli' ngwash i – mi gei di pan fedri di gyrraedd yr *octave* hefo dy fysedd."

William Gwalia Jones,
Telynor ap Gwalia (1914 -1962).
Bu farw William Jones, Telynor Gwalia, mewn damwain dri mis cyn geni ei unig fab yn Chwefror, 1914.

William Gwalia Jones,
Telynor ap Gwalia (1914 -1962).
William Jones, Telynor Gwalia, died in an accident three months before the birth of his only son in February, 1914.

title Telynor Ap Gwalia. Dr. Granville Bantock was the adjudicator. He had visited the *Marquis* before the competition and had heard the twelve year old harper playing. That afternoon Y Telynor Cymreig sat in his favourite chair under the clock listening critically to this nephew playing. After Dr. Bantock had taken his seat 'Uncle Robat' called to the young boy "Play – play it now!"

Dr. Bantock listened carefully as the little harper began 'Llwyn Onn' quite confidently. Just as he was about to begin 'Uncle Robat's' beautiful variations he 'slipped'! The old harper rose from the chair and clipped him lightly across the head "Take that", he said sternly, "start again."

The boy began again nervously and this time did not disappoint his proud uncle nor Dr. Bantock, who remarked that were Ap Gwalia to play the piece like that in the eisteddfod then no one could beat him. And so it was! Competing against Ap Gwalia was his second cousin, Mari Hughes *Stamp*, Llannerch-y-medd, who also played 'Llwyn Onn'. She too was taught by Y Telynor Cymreig but he had not bothered to teach her the variations. Well may we wonder why.

Two years later in Eisteddfod Môn, Beaumaris, *Y Clorianydd* reported that Bobby Williams, a harper from Bethesda, 'beat the other competitor'. The 'other competitor' was Ap Gwalia. According to the family the young harper suffered a grave injustice in that eisteddfod since he was barred from competing because he could not read music.

Pan ddaeth Ap Gwalia i fedru cyrraedd yr octave sylweddolodd y llanc fod angen dyfalbarhad, ymroddiad ac ymarfer cyson os am ddysgu offeryn cerdd. Newidiodd ei feddwl yn sydyn iawn. Bellach doedd o ddim eisiau dysgu canu'r delyn fwy na chur yn ei ben. Cofiwch mai digon tebyg fu ymateb ei chwaer ar y cychwyn. Ond, roedd Robert Jones yn benderfynol o 'stwffio' y delyn a'r hen alawon i ben ei nai ifanc. O dipyn i beth daeth Ap Gwalia i fwynhau'r gwersi hefo 'Yncl Robat' ac i ddeall cymhelliad ei ewythr penstiff o'r Llan.

Yn Eisteddfod Gadeiriol Môn, Llanfairpwll, 1926, fe enillodd Ap Gwalia y wobr gyntaf am unawd ar y delyn i rai oedd heb ennill yn yr eisteddfod yn flaenorol ac fe'i urddwyd â'r enw Telynor Ap Gwalia. Y beirniad yn yr eisteddfod honno oedd Dr. Granville Bantock a fu draw i'r *Marcwis* yn gwrando ar y telynor deuddeng mlwydd oed ychydig ddiwrnodau cyn y gystadleuaeth. Y prynhawn hwnnw eisteddai'r Telynor Cymreig yn ei hoff gadair o dan y cloc yn barod i wrando'n feirniadol ar ei nai. Wedi i Dr. Bantock eistedd gwaeddodd 'Yncl Robat' ar y llanc, "Chwara' – chwara fo rwan!"

Gwrandawodd Dr. Bantock yn ofalus ar y telynor bychan a gychwynnodd 'Llwyn Onn' yn ddigon hyderus. Yn sydyn ac yntau ar fin cychwyn ar amrywiadau hyfryd ei ewythr dyma 'slip'! Cododd yr hen delynor o'i gadair a rhoddodd 'beltan' ysgafn i Ap Gwalia ar draws ei ben "Hwda honna," meddai'n llym, "dechra' eto!"

Ail gychwynnodd y bachgen yn ddigon nerfus ond y tro hwn ni siomodd ei athro

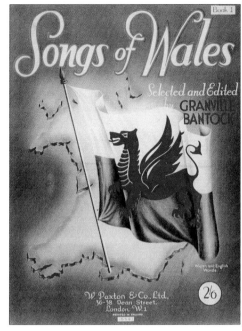

Songs of Wales (Book 1)
Sir Granville Bantock (1868 – 1946)
Crwydrodd y byd fel arweinydd i gwmni theatrig. Bu'n gyfarwyddwr cerdd yn New Brighton ger Lerpwl, yn brifathro yn Ysgol Gerdd, Birmingham, ac yna'n Athro Cerddoriaeth ym Mhrifysgol y ddinas honno. Roedd yn gyfansoddwr symffonïau a gweithiau Corawl, a bu hefyd yn beirniadu mewn nifer o eisteddfodau Cymru. Pan ymwelai â'i gyfaill John Gruffydd Jones, Prifathro Ysgol Ramadeg Llangefni, hoffai alw heibio telynorion y *Britannia* a'r *Marcwis*.

Songs of Wales (Book 1)
Sir Granville Bantock (1868 – 1946)
Sir Granville Bantock travelled the world as the conductor of a theatrical company before being appointed musical director at New Brighton, near Liverpool. Later he became the Principal of the Birmingham School of Music and a Professor of Music at the city's University. He composed symphonies and choral works and adjudicated in many of Wales' eisteddfodau (the small local eisteddfodau as well as the National). When he used to visit his friend John Gruffydd Jones, Headmaster of Llangefni Grammar School, he was sure to visit the harpers of the *Britannia* and the *Marquis*.

Yr hen strap, neu wregus, lledr a ddefnyddiai telynorion y teulu i gario'r hen delyn Gymreig ar eu cefnau.

The old leather strap used by the harpers to carry the old Welsh harp on their backs.

"Mi fyddwn wrth fy modd yn eistedd yn gegin y 'Marcwis' yn gwrando ar 'Nain Marcwis' yn adrodd hanesion y teulu a'r bobl fyddai'n troi hefo'r teulu – Dr. Bantock fel enghraifft."

"I used to enjoy sitting in the kitchen in the 'Marquis' listening to 'Nain Marcwis' relating tales of the family and also of those people whose paths crossed those of the family – as, for example, Dr. Bantock."
Idwal Owen

"Pan yn hogyn byddai mam Ap Gwalia yn addo iddo fo y cai lond powlen o 'jeli' i frecwast bob bore os y byddai'n dal ati hefo'r delyn."

"As a boy, Ap Gwalia's mother used to promise him a bowlfull of jelly every morning for breakfast if he persevered with the harp."
Idwal Owen

balch na Dr. Bantock 'chwaith. Mynegodd hwnnw os y buasai Ap Gwalia yn chwarae'r darn fel yna yn yr eisteddfod yna byddai neb yn ei guro. Ac felly y bu. Yn cystadlu yn ei erbyn roedd ail gyfnither i Ap Gwalia, sef Mari Hughes *Stamp*, Llannerch-ymedd, a oedd hefyd wedi chwarae 'Llwyn Onn'. Hyfforddwyd hithau gan Y Telynor Cymreig ond nid oedd wedi trafferthu dysgu'r amrywiadau iddi gogyfer â'r gystadleuaeth. Pam tybed?

Ddwy flynedd yn ddiweddarach yn Eisteddfod Môn, Biwmares, telynor o Fethesda – Bobby Williams – a 'drechodd ymgeisydd arall' yn ôl Y *Clorianydd*. Yr 'ymgeisydd arall' oedd Ap Gwalia. Yn ôl tystiolaeth y teulu cafodd y telynor ifanc gam yn yr eisteddfod honno oherwydd gwrthodwyd ef rhag cystadlu am na allai ddarllen nodyn o gerddoriaeth.

Roedd Maggie Ann yno gyda'i brawd yn y rhagbrawf a chyn iddo gychwyn chwarae'r alaw osod 'Serch Hudol' rhoddodd y beirniad gopi o'r gainc o'i flaen gan ofyn iddo chwarae y bariau a bwyntiai ei fys atynt. Wel, roedd Ap Gwalia ar goll yn llwyr. Wedi'r cyfan, dysgodd 'Serch Hudol' a'r holl alawon eraill yn gyfan gwbl oddiar y glust – nodyn am nodyn hefo 'Yncl Robat'; yn unol â'r dull traddodiadol. Ni chaniatawyd iddo chwarae o gwbwl yn y rhagbrawf er ei fod yn gallu perfformio'r gainc yn gampus. O'r digwyddiad yma cesglir fod tro ar fyd parthed y delyn yng Nghymru – rhyw ddechrau 'troi trwyn' ar yr hen ddull traddodiadol. Yn anffodus, mae'r rhagfarn yma yn dal i fodoli i raddau ymysg nifer o gerddorion 'clasurol' gan gynnwys y rhai sy'n trin y tannau yng Nghymru heddiw. Diddorol yw nodi mai un o'r tri beirniad

Maggie Ann was present at the preliminary competition where the adjudicator placed a copy before Ap Gwalia, prior to him starting to play the set air 'Serch Hudol', and asked him to play the bars to which he pointed with his finger. Naturally Ap Gwalia was quite lost. He had learned 'Serch Hudol' and all the other airs by ear, note for note, from his 'Uncle Robat', in the traditional way. He was not allowed to play in the competition even though he could play the air perfectly. From this, one gathers that there was a change afoot in harp playing in Wales – noses were being turned up against the traditional mode of playing. Unfortunately, this prejudice still persists in Wales to-day amongst many 'classical' musicians, including those who play the harp. One of the music adjudicators at the eisteddfod was Dr. Bantock. It is hardly possible that he was the adjudicator in the harp competition.

After his marriage Ap Gwalia lived in Amlwch and would visit his mother in the *Marquis* every Sunday. Whilst chatting over a cup of tea in the back kitchen his mother would ask him to go to the harp. As she listened to a sad, enchanting old air being played she would stare longingly at the large portrait of her husband leaning on the shoulder of his harp.

It was a custom of Maggie Ann and of Ap Gwalia to wash their hands before they touched the strings of their harps. This ritual was begun by Telynor Môn and his brother, Telynor Cybi, and in turn followed by the three brothers in the *Britannia* and their cousin in Rhos-goch. Sometimes they would sear their finger tips on the hot bars of the fire grate in the manner of the old harpers to harden the skin.

Ap Gwalia could often be heard playing his harp in the *Dinorben Arms Hotel* in Amlwch and there is a story about him which has become part of the folk lore of the district. According to the story, the harper and his friends had gone to the *Refail Fawr Inn* – the *Pilot Boat Inn* today – near Dulas to celebrate the New Year. After stop tap they decided to have a Noson Lawen to welcome the New Year on the summit of Mynydd Bodafon nearby. They carried the harp to the top and there, in the light of the moon, an amazing celebration took place. Amidst the merriment Ap Gwalia managed to sell his harp for 10 shillings (50p) to Mr. Britton, the owner of *Neuadd Farm* which lay at the foot of the mountain. The following morning, having sobered, the poor harper realised what he had done the night before. Fortunately, Mr. Britton agreed to sell the harp back to him for the same price he had paid for it a few hours earlier. This was his father's old harp which today is cherished by Idwal Owen at his home in Amlwch.

William Gwalia Jones, Telynor Ap Gwalia, died a fairly young man aged 47 in January 1962. In her latter years Maggie Ann lived in Cemaes and by that time she no longer played the harp. She died 30 December 1976, aged 77. They both lie in the public

cerdd yn Eisteddfod Biwmares oedd neb llai na Dr. Bantock. Does bosib mai ef a feirniadodd y gystadleuaeth telyn?

Wedi priodi ac yn byw yn Amlwch byddai Ap Gwalia yn mynd i weld ei fam yn y Marcwis bob Sul. Wedi sgwrs â phaned yn y gegin gefn gofynnai ei fam iddo fynd at y delyn. Tra'n gwrando ar hen alaw drist ac hudolus syllai hithau'n hiraethus ar y llun mawr a gorgai ar y pared o'i diweddar ŵr yn pwyso ar gorn ei delyn.

Roedd yn arferiad gan Maggie Ann ac Ap Gwalia olchi eu dwylo cyn cyffwrdd â thannau'r delyn. Cychwynwyd y 'ddefod' hon gan yr hen Delynor Môn a'i frawd Telynor Cybi a gwnaethpwyd yr un modd wrth gwrs gan y tri brawd o'r Llan a'u cyfnither o Rosgoch. Ambell waith byddent yn serio'u bysedd ar fariau'r tân i'w caledu yn unol â dull yr hen delynorion.

Yn fynych clywid Ap Gwalia yn 'tynnu'r tanau' yng Nghwesty'r *Dinorben Arms*, Amlwch, ac y mae un stori amdano sydd bellach yn ran o lên gwerin ei fro enedigol. Yn ôl y sôn roedd y telynor a'i delyn a nifer dda o ffrindiau wedi mynd draw i dafarn y *Refail Fawr* – y *Peilot Boat* heddiw – ger Dulas i ddathlu Nos Calan. Wedi 'stop tap' penderfynwyd mynd i gadw Noson Lawen i groesawu'r flwyddyn newydd ar ben Mynydd Bodafon gerllaw. Llwyddwyd i gario'r delyn i gopa'r *Arwydd* – man uchaf y mynydd – ac yno yng ngolau'r lleuad cafwyd noson o ddathlu ryfedda 'rioed. Yng nghanol y rhialtwch llwyddodd Ap Gwalia i werthu ei delyn am chweigian (50c) i Mr. Britton, perchennog *Neuadd Farm*, fferm a saif wrth droed y mynydd. Y bore canlynol ac yntau bellach wedi sobri, sylweddolodd y

"Ro ni wrth fy modd yn gwrando ar Maggie Ann ac Ap Gwalia yn chwarae 'Serch Hudol' hefo'i gilydd . . . Mi oedd Ap Gwalia yn chwaraewr da iawn – chwaraewr pendant ac yn creu miwsig 'llond y delyn'. Roedd o'n taro'r 'arppegios' yn 'fwynaidd', yn arbennig felly yn 'Ar hyd y Nos'.

" . . . Toedd gan Maggie Ann ddim cymaint o 'fingering' â'i brawd â'i hewythr, Y Telynor Cymreig. Roedd hi fwy am 'gordio' . . . steil chydig yn wahanol . . . debycach i'w thad, Telynor Gwalia."

"I was in raptures listening to Maggie Ann and Ap Gwalia playing 'Serch Hudol' together . . . Ap Gwalia was a very good player – a positive player who used the full range of the harp to create his music. His arppegios were gentle especially in 'Ar hyd y Nos'"

" . . . Maggie Ann did not use fingering as much as her brother and her uncle, Y Telynor Cymreig. She used more chords . . . a slightly different style – more like her father, Telynor Gwalia."

Idwal Owen

" . . . Nhw . . . Maggie Ann a Gwalia (Ap Gwalia) fydda'n fy nysgu – pan oedd ganddyn nhw fynadd hefo fi! Toedda nhw ddim yn gweld gwerth yn yr hyn oedd ganddyn nhw . . . Mi fyddai'n deud wrth fy hun lawer gwaith, "Bechod na fyswn ni di cael cyfle i ddysgu hefo'r Telynor Cymreig . . . 'roedd hwnnw'n 'genius' chi!"

" . . . Maggie Ann and Gwalia (Ap Gwalia), they were my teachers – when they had patience enough with me to do so! They did not appreciate the value of their talent . . . I have said to myself many times, "What a pity it was that I did not have the opportunity to learn with Y Telynor Cymreig – he was a genius you know!"

Idwal Owen

Maggie Ann yn sefyll wrth hen delyn deires ei hewythr, Telynor Seiriol.
Wrth ei hymyl mae y ffotograffydd.

Maggie Ann standing beside Telynor Seiriol's old triple harp.
Seated by her pedal harp is the photographer.

Wedi marwolaeth Owen Jones, Telynor Seiriol, yn 1906, rhoddodd ei dad Telynor Môn y delyn i William yr ieuangaf o'r tri mab ac yno yn *Nhafarn y Marcwis*' y bu'r deires am flynyddoedd lawer lle y canwyd arni'n aml hefyd gan y brawd arall sef Robert, Y Telynor Cymreig. Pan fu farw William, Telynor Gwalia, daeth y delyn i feddiant ei ferch Maggie Ann. Flynyddoedd yn ddiweddarach bu rhaid i'w mab yng nghyfraith Idwal Owen fynd â'r hen delyn at saer yn Amlwch oherwydd fod y 'pry' wedi ymgartrefu yn y sein fwrdd. Wedi ei thrin, penderfynwyd fod y delyn i gael cartref newydd yn nhŷ Ap Gwalia, brawd Maggie Ann, yn Amlwch. Canai hi o bryd i'w gilydd tan ei farwolaeth yn 1962. A neb bellach i dynnu'n gyson ar ei thannau niferus (heblaw am Maggie Ann ambell waith) safai'r delyn yn segur yn y gornel a'i thannau yn brysur dorri o un i un. Un diwrnod, penderfynodd gweddw Ap Gwalia ei gwerthu i ryw ddyn 'antiques' o Betws y Coed am hanner can punt. Yn ystod y blynyddoedd diwethaf, mae Idwal Owen wedi ceisio darganfod beth fu tynged hen delyn Owen Jones. Deallodd ei bod tua Llundain yn rhywle. Bellach does fawr o obaith ei hadennill a'i hebrwng yn ôl i Fôn – gwaetha'r modd.

After the death of Owen Jones, Telynor Seiriol, in 1906, his father Telynor Môn gave Owen's Welsh harp to William, the youngest of the three brothers. The harp found a home at the '*Marquis Inn*' for many years where it was often played upon by the other brother, Robert, Y Telynor Cymreig. When William, Telynor Gwalia, died, the harp became the possession of his daughter, Maggie Ann. Many years later, her son-in-law, Idwal Owen had to take the old harp to a carpenter in Amlwch to treat it for a woodworm infested soundboard. Following this, it was decided that the harp would now stay in Amlwch at Ap Gwalia's house; he was Maggie Ann's brother. He played the harp until his death in 1962. With nobody to regularly caress her numerous strings (other than Maggie Ann now and again). The old harp stood idle in the corner of the room – her strings breaking one by one. One day Ap Gwalia's widow decided to sell the harp to an antiques dealer from Betws y Coed, for the sum of fifty pounds. During these last years, Idwal Owen has tried to discover the fate of Owen Jones' old Welsh harp. He understands it to be somewhere in London. Unfortunately by now, there is very little hope of recovering the instrument and returning it to Anglesey.

Maggie Ann yn pwyso ar delyn bedal ei thad.
Maggie Ann standing by her father's pedal harp.

Erthygl allan o'r 'Cymro' (1959) yn sôn am hanes y delyn yn *Nhafarn y Marcwis*, Rhos-y-bol.

An article from the 'Cymro' (1959) relating the story of the harp tradition in the old *Marquis Inn*, Rhos-y-bol. The photograph shows Mr. Ken Jones, the licensee at the time, the son of William Gwalia Jones (Ap Gwalia) playing his grandfather's old pedal harp whilst his mother and son look on.

ER YN FUD, ERYS Y DELYN YN Y DAFARN AC NID OES BRIS ARNI

YN nhafarn hen ffasiwn y Marquis yn Rhosybol, Sir Fon, erys hyd heddiw yr hen offeryn cerdd traddodiadol Gymreig i atgoffa dyn fel yr oedd tafarn y pentref yn ganolfan diwylliant y delyn yn yr hen ddyddiau.

Ond yn wahanol i'r cyfnod pell hwnnw, pan edrychir ar y delyn, ac yn wir ar gwmniaeth y beirdd hefyd o ran hynny, gyda dirmyg, gan yr Anghydffurfwyr, nid yw'r delyn Wyddelig yn y Marquis heddiw, er cymaint y blys cynhenid ymhlith ei chwsmeriaid am dorri allan mewn gorfoleddus gân. Oherwydd, fel mae'n digwydd bod, nid oes trwydded i ganu yno.

Er bod y delyn fel y mae y Marquis heddiw yn ymddangos yn gwbl ddi-bwrpas ar un olwg, y mae serch hynny yn rhan annatod o'r dafarn.

Bu'r hen delyn deires Gymreig gan y ddiweddar Mrs. Mary Ann Jones, nain y trwyddedydd presennol, drwy gydol y 56 mlynedd y bu'n cadw'r dafarn. Mae'r delyn honno heddiw gan ei mab Mr. William Gwalia Jones, yn Amlwch, a ddysgodd ei chwarae ar aelwyd ei fam.

DIM PRIS ARNI

Meddai Mr. Ken Jones, trwyddedydd y Marquis heddiw: "Ychydig iawn o ddefnydd a wneir o'r delyn yma heddiw, er imi gael gwersi ar ei chwarae gan fy nhad. Ond fuaswn i byth yn 'madael a hi am bris yn y byd. Mae telyn yn rhan o'r dafarn bellach."

Fe gofir fod yna delyn yn nhafarn yr Harp, Llanfairtalhaiarn, lle magwyd John Jones (Talhaiarn) ac mai iddo ef y mae'r diolch am nodi a chasglu cymaint o'r hen benillion telyn hyfryd a glywodd eu canu ar aelwyd ei fam.

'Doedd ryfedd yn y byd felly iddo ddatblygu yn ddatgeinydd ac yn ddawnsiwr gyda'r tannau o ran hynny. A 'does dim dwy-waith nad oddi wrth y melodedd syml yn yr hen benillion, y dysgodd o'r modd i sicrhau'r melodedd yn ei ganeuon ef ei hun.

BARN CYNAN

Meddai Cynan: "Pan oedd Cymry cyfrifol yn cadw tafarn y pentref yn yr hen amser, ac yn gwneud yr aelwyd yn ganolbwynt diwylliant y delyn, fel Gwen Jones, ddiwiolfrydig, mam Talhaiarn, 'does dim dwy-waith nad oedd gwell graen arnynt nag ers pan aethant bron yn gyffredinol bellach i ddwylo bragwyr mawr, heb ofal ond gofal masnachol.

"Yn awr, fodd bynnag, mae'n dda gen i feddwl fod y delyn wedi ei hadfer i'r capel ar achlysuron arbennig. Er enghraifft byddai yn gweinyddu mewn priodas cyn bo hir pryd y ceir dwy delyn yn cyfeilio yn y gwasanaeth yn lle'r organ."

Diddorol yw nodi hefyd fod dau o bregethwyr mawr yr oes o'r blaen yn feibion y dafarn, sef y Parch. William Ambrose (Emrys) a'r Parch. S. T. Jones, y Rhyl, y naill yn fab y Penrhyn Arms, Bangor, a'r llall yn fab y Ship, Edern.

Carreg fedd Maggie Ann Jones ym mynwent gyhoeddus Amlwch. Sylwer fod un o dannau'r delyn wedi torri – symbol traddodiadol i ddynodi marwolaeth un a fu'n trin y tannau.

Maggie Ann Jones' gravestone in the public cemetery at Amlwch. Note that one of the harp strings is broken – a traditional symbol to denote the death of a harper.

telynor druan yr hyn oedd wedi ei wneud. Yn ffodus cytunodd Mr. Britton i werthu'r delyn yn ôl iddo am yr union swm a dalodd amdani ychydig oriau ynghynt. Hon oedd hen delyn bedal ei annwyl dad sydd erbyn heddiw – diolch i'r drefn – yn ddiogel yng nghartref Idwal Owen yn Amlwch.

Bu farw William Gwalia Jones, Telynor Ap Gwalia, yn ŵr gweddol ifanc 47 mlwydd oed yn Ionawr, 1962. Ym mlynyddoedd olaf ei bywyd roedd Maggie Ann yn byw yng Nghemaes ac erbyn hynny wedi rhoi heibio 'trin y tannau'. Bu farw 30 o Ragfyr 1976 yn 77 mlwydd oed. Gorwedd y ddau ym mynwent gyhoeddus Amlwch. Ar garreg fedd Maggie Ann ceir ysgythriad hyfryd o hen delyn Gymreig.

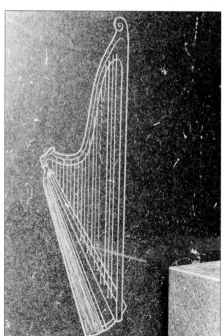

cemetery in Amlwch. There is a beautiful engraving of an old Welsh harp on Maggie Ann's grave stone.

IDWAL OWEN

When I was a boy at school I had a burning interest in the harp and I came across an instrument like a lyre or *crwth* which I took to. Then John Madoc Jones, Llannerch-y-medd, came to teach in the school and he let me read an essay on the Llannerch-y-medd harpers. Ever since I have been under the spell of the harp. I wondered how I could be taught by someone.

My father was a butcher and every Monday afternoon I didn't go to school – instead I went with him and others to Llannerch-y-medd to walk the cattle home. At Christmas time my father would buy the prize cattle – the prize cattle of *Ty'n Llan*, Llangwyllog, *Cwirt*, *Frogwy* and other places. We brought them home shouting "Dow di dow, dow-di-dow."

Now when we had arrived in the yard of the *Marquis*, the drovers, 'Now Teil' and others would, of course, stop to have a drink. Out would come the old lady of the *Marquis* – I can see her now – wearing her clogs and coarse apron – a lady with a stern look, but a kind woman in spite of that. "My boy," she said to me, "have a drink of butter milk." Ew, it was good and having finished it I went and knocked on the door of the tavern to return the jug. And what did I see in the corner but a double action pedal harp; it is this harp that I own to this day.

I said to myself "How on earth can I come here again?" Well, I found out

IDWAL OWEN

Pan oeddwn i'n hogyn ysgol mi oedd gin i ddiddordeb mwya' ofnadwy mewn telyn ac mi ddoish i ar draws rwbath debyg i "lyre" neu grwth bach ac mi gesh i fy nhynnu at honno. Mi ddoth John Madoc Jones, Llannerch-y-medd i ddysgu yn yr ysgol ac mi roth o draethawd i mi ar delynorion y Llan. Byth ers hynny mi gesh i'n nenu at y delyn a methu gwybod sut y byswn yn cael fy nysgu gan rhywun.

Bwtsiar oedd fy nhad a phob pnawn dydd Llun do ni ddim yn mynd i'r ysgol – o'n i'n gorfod mynd hefo fo ac eraill i Lannerch-y-medd i 'gerdded gwartheg'. Adeg Dolig mi fydda'n nhad yn prynu gwartheg mawr – gwartheg "prizes" o *Ty'n Llan*, Llangwyllog, *Cwirt*, *Frogwy* a'r llefydd 'ma. Wedyn, dŵad â rheini adra gan weiddi "Dow di dow, dow-di-dow."

Rŵan ta, wedi dŵad i gowt y *Marcwis* mi fydda rhai o'r hwsmyn, Now Teil a rheini yn gorfod stopio i gael glasiad wrth gwrs. Allan y deuai hen wraig y *Marcwis* – mi fedra'i gweld hi rŵan – clocsia a barclod bras – dynes â golwg gas arni ond yn ddynes ffeind serch hynny. "Machgen i," medda hi wrtha'i, "Gymerwch chi ddiod o laeth (llaeth enwyn)." Ew mi oedd o'n dda ac wedi ei orffen dyma fi'n cnocio ar ddrws y dafarn i fynd â'r jwg yn ôl. A wir i chi be welish i yno yn y gornel ond telyn – telyn bedal "double action" – hon di'r delyn sydd gynna i heddiw.

"Rargian annwyl bach," medda fi "sut fedra i ddŵad i fama eto?" Wel wedi dallt wedyn roedd mab y *Marcwis*, William Gwalia Jones, Telynor Ap Gwalia, yn byw yn Amlwch ac wedi priodi ag ail gnithar i

Idwal.

Gyferbyn: William Gwalia Jones, Telynor Ap Gwalia ac Idwal Owen wrth eu telynau pedal symudiad dwbl.

Opposite: William Gwalia Jones, Telynor Ap Gwalia and Idwal Owen by their double action harps.

mi. Toeddwn i ddim yn gwbod ar y pryd wrth gwrs. Mi esh yno ar ôl capel un Sul ac mi gesh i fynd efo Gwalia i Ros-y-bol. Dyma ei chwaer Maggie Ann yn gofyn i mi "Licia chi i mi chwarae i chi?" ac mi chwaraeodd nifer o'r hen alawon Cymreig ar y delyn. Mi ro'ni wedi gwirioni mhen yn lân!

Idwal Owen

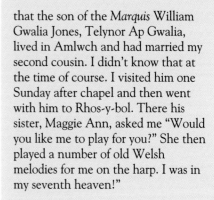

that the son of the *Marquis* William Gwalia Jones, Telynor Ap Gwalia, lived in Amlwch and had married my second cousin. I didn't know that at the time of course. I visited him one Sunday after chapel and then went with him to Rhos-y-bol. There his sister, Maggie Ann, asked me "Would you like me to play for you?" She then played a number of old Welsh melodies for me on the harp. I was in my seventh heaven!"

Idwal Owen

HUW ROBERTS

A native of Llangefni; his father Gwilym, having been born and bred in the village of Llannerch-y-medd. He is a traditional Welsh fiddle player of some renown, who also enjoys playing other fiddle styles such as Country and *Cajun* he's a part time member of the popular North Wales band, CAJUNS DENBO and regularly appears on television and radio. Over the years he has appeared on the recordings of many of Wales's popular contemporary artistes, Tecwyn Ifan, John ac Alun, Bryn Fôn, Doreen Lewis, Dylan a Neil, Iona ac Andy, and Gwacamoli to name but a few. With his wife Bethan, he formed the Anglesey based folk dance party FFIDL FFADL and in this context he is one of Wales' foremost authorities on the history and development of Welsh traditional costume.

Four years ago, he started lessons with Llio on the Welsh triple harp, and in1997 gained first prize in a competition for the national instrument at the Gŵyl Cerdd Dant in Aberystwyth. Once a member of the now defunct folk bands CILMERI and PEDWAR YN Y BAR, he now plays fiddle, triple harp and pibgorn [the old Welsh hornpipe] with CWTTIG and PENCERDDIAID CAMBRIA. With Llio and fellow members of these groups, he was responsible for the establishment of THE SOCIETY OF TRADITIONAL INSTRUMENTS OF WALES. Over the years he has composed numerous tunes in the traditional Welsh style,

HUW ROBERTS

Brodor o Langefni, a'i dad Gwilym, yn un o hogia'r Llan. Mae'n ffidlwr adnabyddus ac yn wyneb cyfarwydd ar y cyfryngau nid yn unig yng nghyd-destun cerddoriaeth draddodiadol Gymreig, ond hefyd ym maes canu gwlad a cherddoriaeth *Cajun* (mae'n aelod rhan amser o'r grŵp poblogaidd CAJUNS DENBO). Dros y blynyddoedd mae wedi ymddangos ar recordiau nifer o artistiaid cyfoes Cymru – Tecwyn Ifan, John ac Alun, Bryn Fôn, Doreen Lewis , Dylan a Neil, Iona ac Andy a Gwacamoli i enwi ond ychydig. Gyda'i wraig Bethan, fe ffurfiodd y parti dawns FFIDL FFADL, ac yng nghyd-destun y ddawns werin y mae bellach yn un o arbenigwyr ein gwlad ar hanes a datblygiad yr hen wisg Gymreig.

Bedair blynedd yn ôl, dechreuodd wersi ar y delyn deires Gymreig gyda Llio, ac yng Ngŵyl Cerdd Dant Aberystwyth 1997, fe gipiodd y wobr gyntaf mewn cystadleuaeth i'r offeryn cenedlaethol. Roedd yn aelod o'r cyn-grwpiau CILMERI a PEDWAR YN Y BAR, ac ar hyn o bryd mae'n ffidlio, tynnu ar y tannau, a chwythu'r pibgorn i CWTTIG a PENCERDDIAID CAMBRIA. Hefo Llio ac aelodau eraill y ddau grŵp yma bu'n gyfrifol am sefydlu C.O.T.C. (CYMDEITHAS OFFERYNNAU TRADDODIADOL CYMRU). Dros y blynyddoedd y mae wedi cyfansoddi nifer o alawon yn y dull traddodiadol Cymreig – ambell un bellach yn ran o *repertoire* rai o'n cyfeilyddion dawnsio gwerin; eraill wedi eu defnyddio fel cerddoriaeth agoriadol i rai o raglenni Radio Cymru. Yn Eisteddfod Genedlaethol Llangefni 1983 fe enillodd Tlws Cyfansoddwr yr

Huw.

Gyferbyn: Siôn Gwilym, mab ifanc yr awdur.
Opposite: Siôn Gwilym, the author's young son.

Alaw Werin Gyfoes orau. Fel cerddor, perfformiwr a hyfforddwr yn y maes, y mae wedi teithio ar hyd a lled Prydain a hefyd i Ffrainc, Iwerddon, Norwy, Llydaw, Canada ac Unol Daleithiau America.

O ddydd i ddydd, mae'n ennill ei fara menyn fel dirprwy brifathro yn Ysgol Goronwy Owen Benllech. Mae ganddo ef a'i briod un mab bychan, Siôn Gwilym.Wrth edrych ar y darlun, ni ellir ond gobeithio ei fod yntau am ddilyn ôl traed ei dad, gan warchod y traddodiad i'r oesoedd a ddêl.

some having been included in the repertoire of some of our folk dance accompanists, others having been used as signature tunes for programmes on Radio Cymru. At the 1983 Llangefni National Eisteddfod he won the Composer of the Best Contemporary Folk Tune Trophy. As a musician, performer and tutor in the field of traditional Welsh instrumental music, he has travelled the length and breadth of Britain and also to France, Ireland, Norway, Brittany, Canada and the U.S.A.

Daily, he earns his 'bread and butter' as a Deputy Headmaster at the Primary School in Benllech. He and his wife have one son, little Siôn Gwilym and judging from the photo, one can only hope that he too will follow in his father's footsteps as custodian of the Welsh harp tradition.

LLIO RHYDDERCH

Llio Rhydderch's roots are deep in Anglesey's traditions. Her family can be traced to the 16th century in Llaneilian.

Llio Rhydderch is a traditional musician who bridges two periods in Welsh cultural history. She is part of the old folk tradition which has more or less vanished and today she is at the forefront of efforts to elevate and develop the playing of the Welsh triple harp.

As a child, Llio Rhydderch was part of the excitement of the old *nosweithiau llawen* in the farmhouses and mansions of the Welsh countryside, in the company of such legendary characters as Bob Owen Croesor, Dewi Mai o Feirion, Llwyd o'r Bryn, Cynan and others equally well-known. She had the privilege of playing with Nansi Richards, Telynores Maldwyn, and a number of her pupils and also with Edith Evans, Telynores Eryri. Often she participated in *nosweithiau llawen* as a member of Côr Telyn Eryri.

Llio Rhydderch was brought up in a cultured and musical home. Her father, Prydderch Williams, was well-known in the world of the *pethe*, a *penillion* singer, a ballad singer and as a *cynganeddwr*. Her mother Margaret was also musical and was responsible for ensuring that her daughter mastered sol-ffa. Nansi Richards was a frequent visitor to the home and it was not unexpected when Llio, early on, started playing the harp under her

LLIO RHYDDERCH

Mae gwreiddiau Llio Rhydderch yn ddwfn yn Ynys Môn a gellir olrhain ei theulu yn ôl i'r 16fed ganrif yn Llaneilian.

Ceir yn Llio Rhydderch un sy'n pontio dau gyfnod yn hanes y dwylliant Cymreig gan iddi brofi rhai o'r hen arferion sydd mwy na heb wedi diflannu erbyn hyn ac mae hithau heddiw ar flaen y gad yn arwain y ffordd yn nyrchafiad a thwf y delyn deires Gymreig.

Yn blentyn bu Llio Rhydderch yn rhan o fwrlwm yr hen nosweithiau llawen yn y ffermdai a'r plastai a hynny yng nghwmni cymeriadau chwedlonol megis Bob Owen Croesor, Dewi Mai o Feirion, Llwyd o'r Bryn, Cynan a nifer adnybyddus eraill. Cafodd y fraint o gyd-delynori gyda Nansi Richards, Telynores Maldwyn, a nifer o'i disgyblion a hefo Edith Evans, Telynores Eryri. Amryw dro bu hefyd yn cadw nosweithiau llawen gyda chwmni Côr Telyn Eryri.

Magwyd Llio Rhydderch ar aelwyd gerddorol a dwylliannol, ei thad, Prydderch Williams, yn amlwg ym myd 'y pethe', yn ganwr penillion, yn faledwr ac yn gynganeddwr, ei mam Margaret hefyd yn gerddorol ac yn gyfrifol am sicrhau bod ei merch yn hyddysg mewn solffa. I'r aelwyd hon yr ymwelai Nansi Richards yn gyson ac nid annisgwyl felly oedd i Llio gydio'n gynnar yn nhannau'r delyn yn ei chwmni ac o dan ei hathrawiaeth a pharhaodd y cysylltiad rhwng y ddwy hyd ei blynyddoedd olaf.

Derbyniodd Llio hyfforddiant ar y delyn hefyd gan Ffreda Holland, Telynores Prydain, ffrind agos i Nansi Richards.

"... Gai ddeud yn y fan yma pa mor ffodus ydwi wedi cyfarfod â Llio Rhydderch sydd yn dysgu'r hogia ifanc yma yn draddodiadol fel y cafodd ei hun yn ffordd Nansi." *

"... May I say here how fortunate I have been to meet Llio Rhydderch who is teaching youngsters in the traditional way in which she herself was taught by Nansi." *

Nansi Richards, Telynores Maldwyn.
Idwal Owen

Llio.

Yn fuan iawn gwelwyd llwyddiant Llio yn cipio nifer o brif wobrau ynghyd â phrif wobrau yn y brifwyl genedlaethol ac ymysg ei thrysorau y mae tlws arian ar lun hen delyn Mostyn a gyflwynwyd yn wobr iddi pan oedd ond yn bymtheg oed. Yn ystod ei gyrfa mae hi wedi perfformio gyda'i thelyn ar lwyfannau Cymru, Iwerddon, Unol Daleithiau America, Ffrainc a Llydaw a chynrychiolodd ei gwlad mewn amrywiol berfformiadau fel unawdydd a chyfeilydd yn yr Albert Hall a'r Festival Hall yn Llundain. Yn 1997, gwahoddwyd hi gan gwmni recordio Fflach i roi ei cherddoriaeth ar gof a chadw yn ei chryno-ddisg cyntaf 'Telyn'(Fflach TRADD CD 196H).

Bu'r flwyddyn 1999 yn un gyffrous i Llio gan iddi dderbyn gwahoddiad gan

tuition. This relationship between the two continued until Nansi's last years.

Llio also received tuition from Ffreda Holland, Telynores Prydain, a close friend of Nansi Richards.

Early on, success attended her career and several major prizes were awarded to her including those at the National Eisteddfod. Amongst those she treasures is a silver brooch in the shape of the old Mostyn harp, which she received as a prize when she was only fifteen years of age. During her career she has performed with her harp on stages in Wales, Ireland, U.S.A., France and Brittany and has represented her country in many performances as a soloist and accompanist in the Albert Hall and Festival Hall in London. In 1997 Fflach, the Welsh recording company, invited her to record her music for posterity and the result is her first CD 'Telyn' (Fflach TRADD CD 196H).

The year 1999 proved to be an exciting year for Llio. She was invited by *Folkworks* to represent Wales as a soloist on the Welsh triple harp on a major U.K. concert tour with five other world-class harpers, each famous in their own fields. She was then invited to contribute a solo track on her triple harp on the Rugby World Cup 1999 Official CD, Land of my Fathers, and also to add to the theme music, The World in Union. As part of the Millenium Celebrations – 2000 Today on television, Llio was invited to join other well-known traditional instrumentalists from the Celtic countries in a broadcast by RTE which was televised throughout the world from Dublin. Her contribution is to be heard in the 'Millennium Suite' on a double CD entitled "Journey, The Best of Donal Lunny" (HBCD 0024). Recently, her second solo CD, "Melangell." (Fflach TRADD CD 234H) has been released.

In addition to her outstanding talent as a soloist and teacher Llio Rhydderch is an important link in maintaining the unbroken tradition of the Welsh harp as she passes on to her pupils the old art of harp playing. Amongst her pupils is Huw Roberts and her group TELYNWYR LLIO which has also played on stages throughout Wales and on the radio and television. Some of its members have travelled in France and Ireland to perform with her and have successfully gained prizes in triple harp competitions. Llio was at one time a member of the traditional Welsh dance group FFIDL FFADL and the traditional instrumental group CWTTIG. She was also a founder member of the WELSH TRADITIONAL INSTRUMENT SOCIETY.

Her principal wish is to see the Welsh triple harp restored to its rightful place and that the new generation will be familiar once more with the old traditional Welsh airs, and she is safeguarding the ancient art as did Nansi Richards and the harpers of Llannerch-y-medd in their day.

Folkworks i gynrychioli Cymru fel unawdydd ar y delyn deires Gymreig ar daith gyngerdd fawreddog drwy Brydain ynghyd â phum telynores arall byd-enwog yn eu meysydd eu hunain. Yn dilyn hyn cafodd ei gwahodd i gyfrannu trac ei hun ar ei thelyn deires ar gryno-ddisg swyddogol Cwpan Rygbi'r Byd 1999, Land of my Fathers, a hefyd ychwanegu at thema gerddorol y ddisg, Y Byd Mewn Undod. Fel rhan o ddathliadau'r Milflwyddiant '2000 To-day' ar y teledu, gwahoddwyd Llio i ymuno gyda rhai o brif offerynwyr traddodiadol y gwledydd Celtaidd mewn rhaglen deledu a ddarlledwyd yn fyd-eang gan RTE o Ddulyn. Mae ei chyfraniad i'w glywed yn

Uchod: Côr Telyn Eryri.
Noson Lawen yng Nghastell Gwydir ger Llanrwst, sawl blwyddyn yn ôl. Llio yw'r delynores gyntaf o'r dde.
Above: Eryri Harp Choir.
A 'Noson Lawen' at Gwydir Castle near Llanrwst. Llio is the young harpist first from the right.

Telynwyr Llio.
Catrin Mair Jones (Pont-Rhyd-y-Bont)
Hafwen Catrin Thomas (Rhos-y-bol)
Elin Wyn Jones (Penmynydd)
Glesni Haf Arfon (Llannerch-y-medd)

Aelodau eraill yw / other members are:
Emma Payne (Tyn-y-gongl)
Gruffydd Owen (Marian-glas)

y 'Millennium Suite' ar CD dwbl o'r enw "Journey, The Best of Donal Lunny" (HBCD 0024). Yn ddiweddar mae ei hail gryno-ddisg, "Melangell." (Fflach TRADD CD 234H) wedi ei ryddhau.

Heblaw ei dawn feistrolgar fel unawdydd ac athrawes mae Llio Rhydderch yn ddolen bwysig ym mharhad traddodiad di-dor y delyn Gymreig gan ei bod yn trosglwyddo i'w disgyblion yr hen grefft o delynori. Ymlith ei disgyblion y mae Huw Roberts a hefyd TELYNWYR LLIO sydd wedi perfformio ar lwyfannau ledled Cymru, ar y radio ac ar y teledu. Mae rhai o aelodau'r grŵp wedi teithio i Ffrainc ac Iwerddon i gyd-delynori yn ei chwmni ac maent wedi llwyddo i gipio gwobrau mewn cystadlaethau ar y delyn deires. Am gyfnod bu Llio yn aelod o ddawnswyr FFIDL FFADL a'r grŵp offerynnol traddodiadol CWTTIG. Roedd hi hefyd yn un o sefydlwyr CYMDEITHAS OFFERYNNAU TRADDODIADOL CYMRU.

Ei dymuniad pennaf yw cael gweld ail-orseddu'r delyn deires Gymreig i'w phriod le a'r hen alawon traddodiadol Cymreig a gedwid yn berlau ar hyd y canrifoedd, yn cael eu harfer ar flaenau bysedd cenhedlaeth newydd ac mae hi'n diogelu'r hen grefft fel y gwnaethpwyd gan Nansi Richards a hen delynorion Llannerch-y-medd.

Llio, Huw ac Idwal wrth hen delyn bedal Telynor Gwalia.

Llio, Huw and Idwal playing Telynor Gwalia's old Grecian pedal harp.

Llinach yr hen delynorion a dwy adain yn cyd-gyfarfod a'r telynorion allweddol sy'n cysylltu llinach drwy ddisgybl ac athro yn ddi-dor yn ôl dros ganrifoedd

Lineage of the old Welsh harpers through two branches and key harpers linking the lineage through pupil and teacher unbroken over the centuries

Adain Telynorion Môn drwy Delynorion Llannerch-y-medd
The Branch of Telynorion Môn through Telynorion Llannerch-y-medd

Robert Jones (ganed/born 1795)

Telynor, *Tan y Fynwent*, Amlwch yn disgyn yn llinachol drwy Delynorion Môn hyd at Gwyn ap Telynor 1352 o Alaw'r Beirdd, Cwmwd Talybolion

Harper, Tan y Fynwent, Amlwch descended from Gwyn ap Telynor 1352 of Alaw'r Beirdd, Commote of Talybolion through the line of The Anglesey Harpers

Owen R. Jones
(1829-1902)
Telynor Cybi

John Jones
(1833-1907)
Telynor Môn

Ellen Jane Jones
(1858-1932)
Telynores Cybi

Owen Jones
(1860-1906)
Telynor Seiriol

Robert Jones
(1864-1930)
Telynor Cymreig

William Jones
(1873-1914)
Telynor Gwalia

Evan John Rowlands
(1884-1972)
Telynor

Ffreda Holland
(1899-1970)
Telynores Prydain

Margaret Ann Jones
(1899-1976)
'Maggie Ann'

William Gwalia Jones
(1914-62)
Telynor ap Gwalia

Doris = **Idwal Owen**

Adain drwy Nansi Richards, Telynores Maldwyn
The Branch through Nansi Richards, Telynores Maldwyn

Robert Parry
(17fed ganrif / 17th century)

Yn disgyn o linach yr hen delynorion
Who was descended from the ancient harpers

John Parry, Rhiwabon
(1710?-1782)
Y Telynor Dall

Richard Roberts, Caernarfon
(1769-1855)

John Elias Davies
(1847-1883)
Telynor y Gogledd

Tom Lloyd
(1858-1917)
Telynor Ceiriog

Nansi Richards
(1889-1979)
Telynores Maldwyn

Llio Rhydderch

Telynwyr Llio

Huw Roberts

Ffynonellau llyfryddol
Bibliographic sources

Robert Owen, Ll.C.B. 8154-8159 *Hanes y Delyn yng Nghymru*

Dafydd Wyn Wiliam, *Traddodiad Cerdd Dant Môn*

Dafydd Wyn Wiliam, *Cofiant William Morris 1705-63*

Dafydd Wyn Wiliam, *Cofiant Lewis Morris 1700/1-42*

R. T. Williams a Helen M. Ramage, *The History of the Honourable Society of Cymmrodorion 1751-1951*

Robert Griffiths, *Llyfr Cerdd Dannau* [Caernarfon 1913]

E. A. Williams, *Hanes Môn yn y Bedwaredd Ganrif ar Bymtheg*

Tlysau'r Hen Oesoedd, Cymdeithas Morrisiaid Môn, rhifyn 2 a 3

Mair Roberts, *Seiri Telyn Cymru* – Gwasg Carreg Gwalch, Llanrwst 1992

R. Môn Williams, *Enwogion Môn 1850-1912*

Dr. Roy Saer, *Y Delyn yng Nghymru mewn lluniau*

A. Rosser, *Telyn a Thelynorion*

Hugh Owen, *The life and works of Lewis Morris 1701-65*

Y Bywgraffiadur Cymreig

Trafodion Cymdeithas Hanes Naturiaethwyr Môn

Morris Letters

T. Robin Chapman – *Dawn Dweud – W.J. Gruffydd* [Gwasg Prifysgol Cymru 1993]

Geraint a Zonia Bowen – *Hanes Gorsedd y Beirdd* [cyhoeddiadau Barddas 1991]

Maggie Ann Jones yn sgwrsio â Roy Saer – Tâp Archif – rhif 1118 [Amgueddfa Werin Cymru, Sain Ffagan]

Cyfansoddiadau Eisteddfodau Cenedlaethol Cymru a Chadeiriol Môn

The Flintshire Observer

Y Clorianydd

Yr Herald Gymraeg

Y Cymro [rhifyn 3 Rhagfyr 1959]

Y Glorian – erthygl Eryl Wyn Rowlands 'Teulu Abraham Wood a'r Dardanelles'

Môn – erthygl Eryl Wyn Rowlands 'Telynorion Llannerch-y-medd'

Llafar Gwlad [Rhif 62] 'Cwrw Coch Y Llan' gan Siôn Gwilym Tan-y-Foel

Cymdeithas Hynafiaethwyr a Naturiaethwyr Môn [Anglesey Antiquarian Society] – *Trafodion 1976-77*

Erthygl Glenda Carr 'Anglesey and Victoria'

Susan Dutton, *Jones the Harp – the harp and my family* [1966]

Osian Ellis, *The story of the Harp in Wales* [University of Wales Press – 1991]

Ifor ap Gwilym, *Y Traddodiad Cerddorol yng Nghymru* [Gwasg Christopher Davies, Abertawe – 1978]

Nansi Richards, Telynores Maldwyn, *Cwpwrdd Nansi* [Gwasg Gomer 1972]

Nia Gwyn Evans, Nansi Richards, *Telynores Maldwyn* [Gwasg Gwynedd 1996]

Papurau J. Lloyd Williams [Llyfrgell Gen. Cymru, Aberystwyth]

Papurau Llanofer, [Archifdy Gwent Records Office]

Owen Williams, 'Gaianydd' [1865-1928] Hanes Llannerch-y-medd a'i henwogion

Y Parch R. Hughes, *Enwogion Môn*

Allwedd y Tannau – 'Telynores Cybi' gan Evan John Rowlands

The Literary Remains of the Rev. Thomas Price [Carnhuanawc] Vol II [1855]

O. M. Roberts, *Yr Ŵyl Fawr yn Nyffryn Conwy* [Cyngor Sir Gwynedd 1989]

Hywel Teifi Edwards, *Gŵyl Gwalia* [Gwasg Gomer 1990]

Hywel Teifi Edwards, *Eisteddfod Ffair y Byd Chicago 1893* [Gwasg Gomer 1990]

G. Gerallt Davies, *Gwilym Cowlyd 1828-1904* [Llyfrau'r M.C. Caernarfon 1976]

Eryl W Hughes, *Trem yn Ôl*

Y CRYNO DDISG THE CD

Rhestr o'r alawon a'r perfformwyr List of the melodies and performers

Trac Track 1. *Moel yr Wyddfa* (Llio & Huw).

Trac Track 2. *Llanofer* (Llio & Huw).

Trac Track 3. *Napoleon crossing the Alps* (Nansi Richards, Telynores Maldwyn).
Cyn clywed yr alaw ceir sgwrs rhwng Maggie Ann Jones a Roy Saer o'r Amgueddfa Werin Sain Ffagan lle mae'n cyfeirio at hoffter ei thad, William Jones, Telynor Gwalia, o'r alaw arbennig hon.
The tune is preceeded by a short conversation between Maggie Ann Jones and Roy Saer of the Museum of Welsh Life, St. Fagans, about her father William Jones, Telynor Gwalia, and his method of playing this particular melody.

Trac Track 4. *Y Wenynen* (Llio).

Trac Track 5. *Merch Megan & Wyres Megan* (Llio & Huw).
Fel rhagarweiniad i'r alawon hyn ac yn ystod y perfformiad clywir Maggie Ann yn sôn am ei hewythr a'i hathro Robert Jones, Y Telynor Cymreig.
As an introduction to these melodies and subsequently during the harpers' performance one hears Maggie Ann reminiscing about her uncle and harp teacher, Robert Jones, Y Telynor Cymreig.

Trac Track 6. Canu Penillion *Penillion* Singing (Idwal & Llio).
Yma eto clywir llais Maggie Ann ac atgofion melys ei mab-yng-nghyfraith, Idwal, o'r dyddiau difyr pan oedd 'y traddodiad' ar ei anterth yn *Nhafarn y Marcwis*, Rhos-y-bol. Clywir ef yn rhestru'r hen ddatgeiniaid traddodiadol ac yn cyfeirio at yr hen lyfr penillion a ddefnyddiwyd ganddynt.
Once again we hear Maggie Ann and Idwal, her son-in-law, as he recalls the good old days when 'the tradition' was in its heyday at the *Marquis Inn*, Rhos-y-bol.

Trac Track 7. a) *Llwyn Onn* (Llio & Idwal).
". . . oedd, oedd o (Robert Jones) wedi gwneud 'variations' ei hun i Llwyn Onn. Gwrandewch . . . Ceir blas o'r rhain yng nghydchwarae Llio ac Idwal."
". . . yes, yes, he (Robert Jones) had composed his own variations on Llwyn Onn. Listen as Llio and Idwal present us with a snippet."
b) *Llwyn Onn* (Nansi Richards, Telynores Maldwyn). (Amrywiadau / Variations – Robert Jones, Y Telynor Cymreig).

Trac Track 8. *Codiad yr Hedydd* (Llio & Telynwyr Llio).

Trac Track 9. *Morfa Rhuddlan* (Llio & Huw).

NODIADAU AR YR ALAWON NOTES ON THE MELODIES

Teitlau traddodiadol heblaw am *Llanofer*, cyfansoddwyd gan John Parry, Bardd Alaw (1776-1851)
Traditional titles except for *Llanofer*, composed by John Parry, Bardd Alaw (1776-1851)

Fersiynau Telynorion Llannerch-y-medd o'r alawon isod:
Llannerch-y-medd versions of the following melodies:

'Moel yr Wyddfa'	Trefniant ac amrywiadau Arrangement & variations Llio
'Llanofer'	Trefniant Arrangement Llio & Huw
'Y Wenynen'	Trefniant ac amrywiadau Arrangement & variations Llio
'Llwyn Onn'	(a) O chwarae Idwal Owen a'i cafodd gan Maggie Ann ac Ap Gwalia a hwythau gan Robert Jones, Y Telynor Cymreig.
	From the playing of Idwal Owen who learnt it from Maggie Ann and Ap Gwalia and they from Robert Jones, Y Telynor Cymreig.
	(b) O chwarae Robert Jones, Y Telynor Cymreig.
	From the playing of Robert Jones, Y Telynor Cymreig.
'Morfa Rhuddlan'	Trefniant Arrangement Llio & Huw

Gweddill yr alawon The remaining melodies:

'Napoleon crossing the Alps'	Trefniant Arrangement Nansi Richards, Telynores Maldwyn.
'Merch Megan' & 'Wyres Megan'	Trefniant ac amrywiadau Arrangement & variations Llio
'Codiad yr Hedydd'	Trefniant ac amrywiadau Arrangement & variations Llio
Canu penillion Penillion singing (Alaw Melody Cainc y Datgeiniaid	Gosodiad a godwyd ar y glust gan Idwal Owen oddi wrth hen ddatgeiniaid yn y *Marcwis*, Rhos-y-bol A setting which Idwal Owen learnt by ear from the old *penillion* singers in the *Marquis*, Rhos-y-bol

Y TELYNAU THE HARPS:

Llio	Telyn Deires Gymreig, heblaw am *Codiad yr Hedydd*, Telyn Gwneuthuriad Sengl Welsh Triple Harp, except on *Codiad yr Hedydd*, Single Action Harp	
Huw	Telyn Deires Gymreig Welsh Triple Harp	
Idwal	Telyn Gwneuthuriad Sengl Single Action Harp	
Telynwyr Llio	Hafwen	Telyn Deires Gymreig Welsh Triple Harp
	Elin	Telyn Deires Gymreig Welsh Triple Harp
	Catrin	Telyn Unrhes Single Strung Harp
	Glesni	Telyn Unrhes Single Strung Harp

Recordiwyd yn Recorded at: Glan Gors Newydd, Tŷ Croes ac Eglwys Llaneugrad, Ynys Môn.
Peiriannydd Engineer: Ray Goy.
Cynhyrchwyd gan Produced by: Huw Roberts, Llio Rhydderch & Roy Goy.
Cynlluniwyd gan Designed by: Huw Roberts & Tony Oliver. © Llio Rhydderch & Huw Roberts.
'Naploeon crossing the Alps', Tâp Tape Rhif No 627. 'Llwyn Onn', Tâp Tape Rhif No 3698.
Maggie Ann, Tâp Tape Rhif No 117/118. © Amgueddfa Werin Cymru Sain Ffagan, Museum of Welsh Life St Fagans.